KB040824

다음 세대를 생각하는
인문교양 시리즈

 28

人生がうまくいく 哲学的思考術

JINSEI GA UMAKU IKU TETSUGAKU TEKI SHIKOUJYUTSU by Haruhiko Shiratori
Copyright © 2017 by Haruhiko Shiratori
Original Japanese edition published by Discover 21, Inc., Tokyo, Japan
Korean edition is published by arrangement with Discover 21, Inc.
through Danny Hong Agency.

Korean translation copyrights © 2017 Samtoh Co., Ltd.

이 책의 한국어판 저작권은
대니홍 에이전시를 통한 저작권사와의 독점 계약으로 (주)샘터사에 있습니다.
저작권법에 의해 한국 내에서 보호를 받는 저작물이므로 무단 전재와 복제를 금합니다.

인생이 잘 풀리는 철학적 사고술

니체가 알려주는 후회 없는
인생을 살아가는 법

시라토리 하루히코 지음 | 박재현 옮김

샘터

인생에 위안이 되는 문장들

나는 일과는 무관하게 단순히 개인적 흥미와 기쁨을 얻기 위해 철학 책들을 읽고 있다.

공부할 마음 따윈 눈곱만큼도 없이 조용한 장소에서 혹은 잔잔한 재즈의 음률을 들으며 붉은 가죽 소파 위에 앉아 무작정 책장을 넘긴다.

그러면 곧 잔잔한 밤의 바다를 조용히 나아가는 보트의 노 끝에서 야광충이 빛을 내듯 머릿속의 수많은 별들이 와자지껄 종알거리기 시작한다.

그것은 어떤 영감이 싹트는 것으로, 그때의 느낌이 나는 너무 좋다. 이를 테면 이런 문장을 접할 때 그렇다.

"얼굴은 몸의 영혼이다."

"어떤 말이라도 각기 냄새를 가진다. 그리고 냄새 간의 조화나 부조화가 존재하듯 말에도 그런 것이 있다."

"사람은 별을 자신의 것으로 만들려 하지 않는다. 다만 그 아름다움을 기뻐할 따름이다."

"미지의 동물을 관찰한다고 해서 그들을 지배하고 그들의 삶에 영향을 끼치는 법칙을 이해할 수 없는 것처럼, 세잔을 잘 알았던 사람들의 증언은 그가 사건사고나 경험에 의해 어떻게 변했는지를 설명해주지 못한다."

"사소한 것들에 위안을 받는 이유는, 우리가 아무래도 좋을 것들에 시달리기 때문이다."

이 문장들은 본래 외국어이지만, 번역해도 여전히 시적 아름다움을 느낄 수 있다. 내용 자체에 아름다움과 의미를 담고 있기 때문이다.

더불어 다케다 산토카種田山頭火의 유명한 하이쿠 "곧은길에서 외롭구나"를 영어로는 "This straight road, full of loneliness"로 번역하는데, 나는 이것이 한층 더 생생한 느낌을 전해주어 강렬한 인상을 받았다.

언어라는 것은 그저 되는대로 문법에 맞춰 사용해서는 아름답지도 어떤 힘도 가지지 못한다. 즉, 사람의 귀를 간질이기는 해도 그 사람의 마음에는 들어가지 못한다.

사람의 마음에 들어가 그 사람에게 어떤 것을 생각하게끔 하고, 그 사람의 인생을 조금이라도 변화시킬 수 있는 언어는, 다듬고 또 다듬어진 사고, 혹은 심오한 인생 경험이나 깊은 고독과 사랑을 이해하는 사람의 붓끝에서 나오는 것이 아닐까.

그런 언어를 시집 또는 철학 책에서 자주 볼 수 있기에 나는 스스로 어떤 위안을 삼고자 그것들을 읽는다.

나는 철학 책을 사고와 인생 경험의 '예술'이라고 생각한다. 논리의 정확성이라든가, 사고 체계라든가, 진리 탐구라든가, 뭐 그런 것이 아니다.

왜냐하면 논리적으로 옳고 그른가의 문제는 수학 같은 인공적 차원에서만 의미를 가진다고 여기기 때문이다.

'인생에 대하여 사고한다'는 것은 그 중요성으로 볼 때 논리를 훌쩍 뛰어넘은 것이 아닐까?

만일 미련하게 '인생을 어떻게 살아갈 것인가'를 논리와 유효성 측면에서만 생각한다면, 결국은 경제적 손해득실을 따지는 것으로 전락하고 만다. 그런 멋대가리 없는 허무한 인생을 나는 결코 인생이라고 말하고 싶지 않다.

이 세상에는 질릴 만큼 수많은 책들이 있고, 철학 책만 해도 평생을 읽어도 다 읽을 수 없다는 두려움을 느낄 만큼 많다.

물론 그 모든 책들이 훌륭한 것은 아니다. 유명한 고전 중에서도 뭐라 말할 수 없을 만큼 형편없는 철학 책도 있다. 그와는 반대로 별 것 아닌 것처럼 보여도 훌륭한 책도 있다.

이 책은 그 가운데에서 한 줌을 가져와 우리가 인생을 어떻게 살아가야 하는지에 대하여 이야기한 것이다.

조금 과감하게 말하면, 우리가 살아가는 데 있어 작으나마 어떤 도움이라도 되어줄 힌트의 씨앗을 담은 책이다.

하지만 아마도 이 책에서 만나게 되는 사고나 가치관은 여러분이 평소 생활하면서 그다지 접하지 못했던 것이 많을 것이다. 그러하기에 참신한 발상과 통찰력을 선사해줄 것이다. 또한 우리 자신의 인생을 다시 바람직한 방향으로 이끌고 응원해줄 것이다.

그러기 위해 이 자리를 빌려 독자 여러분에게 한 가지만 부탁하려 한다.

허름한 모직재킷만 입던 케임브리지의 비트겐슈타인이 1947년 봄에 메모로 남긴 문장으로 그 당부의 말을 대신한다.

"문장은 올바른 속도로 읽을 때 비로소 이해할 수 있다. 나의 문장은 모두 천천히 읽혀야 한다."

| 차 례 |

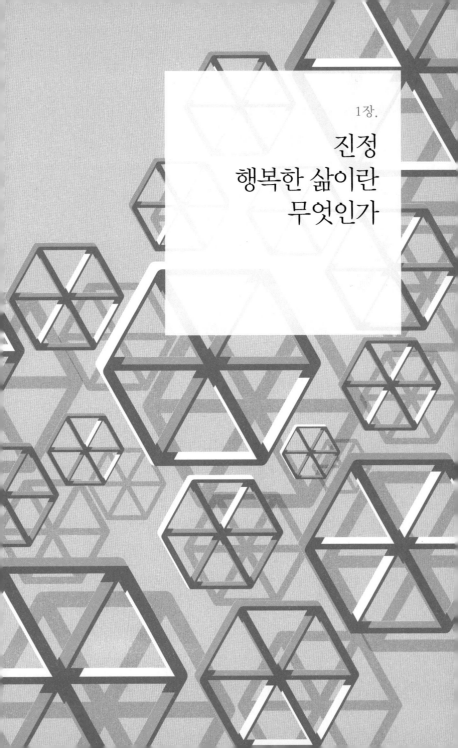

1장.

진정
행복한 삶이란
무엇인가

'행복'이나
'성공' 같은 말에
현혹되지 않는다

인생이 어린 시절 막연히 상상하던 것과는 꽤 다르다고 생각하는 사람이 적지 않다. 인생은 결코 단순하지 않고 가볍게 살아갈 수도 없다.

어린 시절에 절대적으로 여기던 정의나 선악 같은 가치도 어른이 되면 더더욱 찾기 어렵다.

가치관이란 상대적이라는 사실이 당연하게 여겨지는 시대이기에 그러한 것일까? 아니면, 단순한 관념은 허풍이거나 보통 사람은 이해할 수 없는 학문적 영역에 속하는 것이기 때문일까?

행복조차도 지금은 그리운 기억 속에 떠오르는 몇 장의 사진처럼 아득하다. 행복 따위는 그저 돈이 많으면 저절로 생겨나는 것일까? 그게 아니라면 행복을 비롯하여 우리가 원하는 것은 일종의 신기루에 불과한 것일까?

관념에 사로잡히면 불행해진다

행복은 몰라도 불행해지는 것은 그다지 어렵지 않다. 현실에서 이루어내야 하는 것들을 내팽개치고 의미가 모호한 관념이나 개념을 좇기만 해도 우리는 확실히 불행해질 수 있다.

그런데 여기서 말하는 '불행'이나 '행복'도 사실 의미가 분명하지 않은 관념에 불과하다. 그것은 그저 말로서 빛을 발하며 허공에 떠 있다. 그리고 그 진짜 의미는 언제까지고 짙은 안개 속에 모습을 감추고 있다.

물론 행복이란 것이 '건강도 재산도 운도 다 가진 것'이라고 단정하는 사람도 있다. 그렇다면 병에 걸린 사람은 불행할까? 유복하지 않으면 불행할까? 일생토록 로또에 당첨되지 못한 사람은 불행하다는 것인가?

'진리'라는 말도 관념에 지나지 않는다. 아주 오래 전부터 현재에 이르기까지 어느 누구도 그 의미를 명확히 말할 수 없었다. 일반적 용법에서의 '정의'도 관념 그 자체이다. 미美도 관념이고, 선善도 관념이다. '영원'도 관념이다. 이처럼 너무도 아름다워 보이는 대다수의 말들이 관념어이다.

사람들은 그런 관념어를 함부로 사용하여 자기 마음속에 품고 있는 이해타산을 포장하는 경향이 있다. 예컨대 정치가는 '정의'나 '개혁'을 주창하며 자신은 확실히 그것을 실현시킬 힘이 있다고 사람들의 관심을 얻으려 한다.

또한 속셈이 있는 남성은 추상적 관념어를 쏟아내며 여성의 환심을 사려 한다. 내가 당신을 얼마나 사랑하는지 모르겠어? 이토록 열렬히 사랑하잖아. 나만이 당신을 행복하게 해줄 수 있어. 우리가 만난 건 운명이야……등등.

성공도 행복도 실체는 없다

비즈니스 세계에 만연해 있는 관념어를 꼽자면 '성공'과 '실패'가 있다.

사업가는 이 위협적 관념어에 좌지우지되어 웃기도 하고 울기도 하며 자신의 인간적인 생활을 갉아먹는다. 경영학 서적들에서도 '성공'과 '실패'라는 관념이 마치 현실의 평가인 양 말한다. 뿐만 아니라 관념어로 범벅이 된 글도 사업가들을 괴롭힌다. 그 대표적인 것이 '자본주의의 본질은 이윤 추구이다'라는 말이다. 이 관념적인 정의는 우리의 현실과 일치하지 않는다.

　　　　　　　　　　　　　　　인생이 잘 풀리는 철학적 사고술

왜냐하면 실제로 이윤 추구가 어떠한 장애도 없이 거침없이 그리고 막힘없이 실행된다면 어느 한 기업이 전 세계의 돈과 가능성을 모두 독점하는 상황이 연출되고, 그 과정에서 세계는 맹렬히 속도를 높이며 파멸로 향할 것이기 때문이다. 그리고 끝내는 그 기업에서 일하는 직원들 모두가 남김없이 굶어죽을지도 모른다.

따라서 이 기묘한 정의는 일종의 해학이나 환영을 그린 서툰 시적 표현으로 보는 게 타당할지 모른다. 그렇지 않다면 이 같은 표현에 사로잡혀 끝내 정신적으로도 궁지에 내몰리게 될 것이다.

불교에 입문한 수행자들을 고민하게 만드는 대표적인 관념어 중 하나는 '불성佛性'이다. '불성이란, 깨달음의 문을 여는 가능성' 정도의 의미를 가진다. 그런데 여기에 사로잡힌 수행자는 선승에게 개에게도 불성이 있는지를 진지하게 묻기도 한다.

이런 질문 자체가 어리석은 것은, 관념어가 어떤 사실적인 것을 의미하고 있다고 생각하기 때문이다. '성공'이나 '행복'을 좇는 사람들도 그러하다. 그들은 성공의 조건이나 행복의 조건이 세상 어딘가에 반드시 있다고 믿는다. 혹은 그런 심원한 듯 보이는 관념어에는 어떤 특별한 의미가 감추어져 있을 게 분명하다고 확신한다. 그래서 나름대로 요모조모 탐색해보지만 결국 아무것도 발견하지 못한 채 헛수고로 끝난다. 그리고 그러는 사이에 그들의 인생도 끝난다.

관념에 대하여 생각하는 건 시간낭비이다

철학자들도 이러한 헛수고를 수없이 반복해왔다. 이를 테면, 그 유명한 소크라테스가 그랬다. 소크라테스는 여러 사람들과 끈덕지게 묻고 답하기를 하면서 '진선미眞善美란 무엇인지'를 깊이 파헤쳤다. 그런데 결과는 어떠했는가? 빛나는 수많은 관념이나 개념의 내용 중에서 티끌만큼도 밝혀내지 못했다.

예를 들어 소크라테스가 두 소년과 우정에 대하여 이야기를 나누는 《뤼시스》(플라톤 지음)의 짧은 대화편이 남아 있는데, 결국 '친구란 무엇인가'에 대한 윤곽조차 정하지 못하고 이렇다 할 결론도 내놓지 못한 채로 끝난다.

여러 가지 것들에 대해 생각하는 건 중요하다. 그런 과정을 통해 학문이 발전하고 확장되어온 것도 분명한 사실이다. 그러나 생각만 하다가 인생을 끝내는 건, 한가한 나머지 인생을 헛되이 보내도 괜찮다고 여기는 사람이나 할 수 있는 놀이에 불과하다.

그래서 비트겐슈타인은 1931년 7월 말에 이런 메모를 남겼다.

"소크라테스의 대화를 읽으면 이런 기분이 든다. 참으로 두려운 시간 낭비! 아무것도 증명하지 못하고 전혀 명석하지도 않은 이런 논쟁들이 대체 무슨 도움이 될까."

인생이 잘 풀리는 철학적 사고술

단 하나의 정답 같은 건 없다

우리가 아무리 관념이나 개념의 내용을 좇아도 영원히 변치 않는 정답, 즉 단 하나의 답은 애초부터 존재하지 않는다. 한 치수의 옷만 파는 옷가게는 없는 것처럼 말이다.

만일 '진리란 무엇인가' '진선미란 무엇인가'······이런 질문에 대하여 단 하나의 정답만이 존재한다고 가정해보자. 그리고 우리가 그 정답을 발견했다고 해보자. 그다음에는 어떻게 될까?

우리는 곧 살아갈 기력을 잃을 것이고, 애매하고 더할 나위 없이 혼탁한 이 세계는 순식간에 무의미하며 넓고 아득한 세계가 되어버릴 것이다.

정답이 없는 지금의 상태는 우리의 애를 태우기는 하지만 안개 속을 걷듯 신비로운 것이기도 하다. 그런 신비로움은 우리 인간에게 더할 나위 없이 매력적으로 비춰지기도 한다.

또한 우리는 이해하지 못하기에 자신이 직접 살아볼 가치를 찾는다. 실제로 살아보고 나서야 비로소 예부터 전해져오는 행복이나 진리, 영원, 아름다움이라고 하는 물음에 답할 내용을 자신의 인생으로부터 찾아 채울 수 있기 때문이다.

만일 우리가 학자들이 머리로 생각해낸 가치나 의미만을 좇는 삶을 살아간다면 그런 삶에 무슨 값어치가 있을까! 우리는 바로 지금, 울고 웃으며 살아간다. 그 이상의 즐거움과 행복이 어디에 또 있을까.

방황하면서
살아간다

강하게 산다는 건 어떤 것일까? 어떻게 사는 걸 강하게 산다고 말할 수 있을까?

육체적으로 강건하면 정신적으로도 강할까? 혹은 강하다는 건 타인이 선망의 눈빛으로 바라볼 만큼 풍부한 물자, 돈, 운을 가진 것을 뜻할까?

동요가 없다는 게 강한 것일까?

신념을 가지고 강하게 살아가는 것처럼 보이는 사람은 한 가지 관점으로만 세상을 바라본다. 그리고 그 한 가지 시점과 해석으로만 사물을 본다. 따라서 흔들림이 없다. 확고하다. 그래서 그의 태도는 강하다.

그러나 한 가지 관점이 아니라 이런저런 관점을 참고하는 사람은 흔들릴 때가 많다. 때때로 방황하기도 한다. 결정을 내리지 못하고 고민하기도 한다. 그런 사람에게 생각지도 못한 새로운 관점이 주어지면 마치 하늘에서 내려온 동아줄이라도 잡은 듯 고민에서 벗어나 자유로워지기도 한다.

이 같은 관점을 다른 말로 세계관, 인생관, 신념, 신앙, 철학, 교조, 고정관념, 편견, 사상, 주의, 인식, 이데올로기라고 한다.

이들 용어는 각기 다르게 보이지만, 어떤 사람을 한 가지 색채로 물들인다는 점에서는 비슷하다. 그리고 때때로 그것은 누군가에게 구원이 되기도 한다.

어째서 구원이 되는 걸까? 고집스럽게 한 가지 관점을 갖고서 세계를 바라본다는 것은 이를테면 고정점을 가지는 것과 같다. 그런 사람은 매번 같은 산 정상에서 세상을 바라본다.

반면 고민하거나 어떤 일을 결정할 때 오래 주저하는 사람은 고유한 관점을 가지고 있지 않다. 그에게는 '절대'라 믿는 가치관이 없다. 무엇을 크게 보고 무엇을 작게 볼지 기준이 없는 것이다.

이렇듯 한 가지 관점을 갖고 있지 못할 때 우리는 고민한다. 만약 확고한 고정점이 있다면 그 산꼭대기에서 보고 판단하고 심사하면 되기 때문이다.

일반적으로는 종교가 그런 고정점이 되어준다. 따라서 어떤 이들에게는 신앙이 구원이 된다.

그러나 신앙심이 견고하지 않으면 쉽게 다른 관점이 간섭하게 되고 판단이 크게 흔들린다.

세상을 바라보는 시점 같은 건 사실 없다

신앙도 종교적인 신조도 전혀 없는 경우, 자신이 처한 환경에서 널리 통용되는 세속적 시점이 판단이나 가치관에 영향을 미치게 된다.

예컨대 회사에 있을 때는 기업 풍토에 뿌리내린 윤리나 관점에 약하게나마 영향을 받고, 상사나 동료의 관점에 강하게 영향을 받기도 한다. 그리고 집에 돌아오면 인습이나 세상의 이목이라는 관점에 영향을 받는다.

물론 환경이 바뀔 때마다 다른 영향을 받기에 혼란을 겪는다. 그때마다 풍향계처럼 이랬다저랬다 하는 변덕스러운 태도를 가질 수밖에 없다. 논리와 태도의 일관성을 요구하는 소년의 반짝이는 눈에 그런 사람은 그야말로 '누에鵺(상상 속 괴물로 머리는 원숭이, 꼬리는 뱀, 네 다리는 호랑이의 모습을 하고 있다-옮긴이)'처럼 정체를 알 수 없는 존재로 비칠 것이다.

그러나 환경에 따라 적용되는 관점은 다를 수밖에 없고, 그것은 흔들림 없이 확고해 보이지만 사실 그 속은 무르다.

예컨대 세상의 시점이라는 게 그렇다. 원래 세상의 일반적 시점이란 어디에도 존재하지 않는다. 속을 따지고 보면 그것은 관례나 풍습, 시대의 감성을 아우른 그 시절의 풍조에 지나지 않다. 혹은 미디어가 널리 퍼뜨린 일회성 유행 같은 것이다.

그리고 그 외부를 그득 메우고 있는 것은 '다른 사람들은 이렇게 생각하고 있을 게 틀림없어'라는 끝없는 억측들이다.

방황하지 않고 살아가기 위한 강인함을 가져라

간단히 요약하자면, 현대인들은 가치의 상대화 속에서 자기 고유의 관점을 잃고 방황하고 있다. 방황은 힘겨운 일이다. 고정점이나 고유한 관점을 잃은 상태라면 어떤 판단을 내릴 때 판단 근거가 없어 곤혹스럽기 때문이다.

그래서 그런 경우 자신에게 맞는 관점 혹은 지침 같은 것을 찾기 시작한다.

가장 손쉬운 것이 점 같은 것으로, 사람들은 미래를 예언하는 능력을 좇는다. 우리는 고대부터 지금까지 이어져 온 점을 미신으로

치부하지만, 그것을 추종하는 사람은 절대로 그렇게 생각하지 않는다. 하지만 그것은 애당초 자기의 머리로 생각하려는 노력을 포기하고 오로지 점이 들려주는 애매한 예언에 매달리는 행위에 지나지 않는다.

고정점과 유사하게 관점이나 지침을 주는 것처럼 보이는 것은 그 외에도 수두룩하다. 공산주의가 스스로 무너진 현대에서는 민주주의나 자본주의도 그처럼 될 수 있다.

그것은 단순히 정치나 경제 형태에 불과하지만, 인간이 그것을 신봉함으로써 힘을 갖게 된다. 왜냐하면 그 관점으로 세상을 바라봄으로써 어느 정도까지는 일방적 해석이 가능하기 때문이다.

일방적인 해석에 의한 판단은, 독단에 지나지 않다. 그런데 독단이라도 계속 주장하면, 혹은 많은 사람들이 찬성하고 동조해주면 마치 신념이나 신조처럼 보인다. 그리고 더 나아가 이상이나 철학으로 보이기까지 한다.

흔히 신흥종교의 홍보책자에 담긴 광기와도 같은 망상과 게르만 민족의 인종적 우월주의와 반유태주의라는 독단에 근거해 세계의 정세와 역사를 해석하고 그것을 나치의 사상으로 삼은 아돌프 히틀러가 그 일례이다.

니체는 "모든 것은 해석이다"라는 말로 가치의 상대성을 강조했지만, 그로부터 100년이 넘는 세월이 흐른 현대를 사는 우리는 여전히 어떤 의지할 것, 가치의 높고 낮음을 판단할 고정점을 갖지 못하면 불안해한다.

많은 사람들이 불안하기에 어떤 강력한 고정점을 원하고, 외부에서 그것을 찾아 자신의 것으로 만들려고 한다. 한편으로는 불안을 끌어안으면서도 매 순간 자신의 머리로 직접 생각하고 판단하며 살아가려 하는 사람도 있다.

과연 어느 쪽이 강하게 살아가려는 사람의 태도일까.

인생이 잘 풀리는 철학적 사고술

인생에 점수를
매기지 않는다

젊은 사람들이 억척스럽게 살아가고 있다. 작은 일에 매달리고 타인의 눈에 자기가 어떻게 보일지에 신경 쓴다. 그러면서 은근히 자기가 몇 점짜리인지 점수를 매기며 일희일비하고 어떻게 해야 더 높이 올라갈 수 있는지를 모색한다.

젊은 사람들만 그런 것은 아니다. 나이가 지긋한 어른들도 다르지 않다. 타인의 눈에 자신이 인생의 승리자로 비치길 바란다. 더 많은 돈과 멋진 집을 가지고 평균 이상의 유복한 생활을 보내야만 사회인으로서 인정받고 체면이 선다고 생각한다. 그리고 그렇지 못한 사람들을 인생의 낙오자쯤으로 본다.

그들에게 인생이란 무엇인가를 끊임없이 획득하기 위한 전쟁터가 아닐까. 그리고 산다는 것은 생명이 다할 때까지 쉬지 않고 이어지는 생존 전쟁에 참가하는 것이 아닐까.

무엇이 실패이고 무엇이 불행인지, 어느 누구도 결정할 수 없다

그런데 철학자 니체는 이렇게 말한다. "나는 기독교를 비판하지만 내가 좋아하는 사람들은 모두 기독교도이다." 그리고 "모두들 나를 보살펴주니 재미있었다"며 고마워한다.

니체처럼 '재미있었다'고 말할 수 있는 인생이 소위 성공한 인생보다 낫지 않을까. 왜냐하면 무엇이 인생의 성공인지는 어느 누구도 알지 못하기 때문이다. 재미있었다고 단언할 수 있는 것은 오로지 자기 자신뿐이고, 스스로 자기 인생에 대해 만족했다고 밝히는 것이기에 이것은 틀림없는 사실이다.

많은 사람들이 니체가 비참한 노년을 보냈다고 생각한다. 그는 45세에 길 위에서 정신착란 증세를 보인 후 여동생의 간병을 받다가 56세가 되기 직전에 세상을 떠났다. 흔히 말하듯 미쳐 죽은 것이기에 불행한 임종이었을지도 모른다.

그런데 그런 죽음이 불행한 일일까? 그렇게 죽는 것은 고통일까? 그것을 인생의 실패로 단정해도 되는 걸까? 무엇보다 니체 자신이 비참했다거나 실패한 인생을 살았다고 생각했을까?

세상 사람들이 하는 말이나 사고방식은 참으로 가혹하다. 그들은 멋대로 선악, 아름다움과 추함, 빈곤과 부유함, 유복을 결정한다. 또한 지위나 직위, 재산이 그 사람의 내실을 어느 정도는 보여준다고 여긴다.

성공이냐 실패냐 하는 평가도 지극히 세속적이다. 실제 그 내실을 살펴보면 너무나 빈곤하고, 요컨대 손 안에 많은 것을 넣었다면 성공이라 하고 그렇지 못한 걸 실패라 부르는 것에 지나지 않다.

세상 사람들은 성공, 실패, 불행, 천벌 같은 의미가 애매한 말들을 태연히 사용함으로써 의식하지 못하는 사이에 타인과 자신을 비교하거나 비판하고 심리적으로 상처 받기도 한다. 세상에는 인쇄되지 않은, 개개인의 일상을 평가하고 점수를 매긴 성적표가 넘치고 있다.

세속적인 사람들의 눈에는 세상은 이미 완성되어 단단히 고정되어 있는 듯 보인다. 그들의 가치판단에 따르면 질병이나 사고, 신체적인 부자유나 죽음은 거침없이 불행한 것으로 평가된다. 이르든 늦든 인간은 결국 죽게 된다는 사실을 마치 전혀 모르는 것처럼 구는 것이다.

인생은 전쟁이 아니다

이런 세간의 가치판단을 무턱대고 따르게 되면 인생은 여지없이 전쟁, 고난과 걱정, 번뇌의 연속이다. 오늘 자신의 전쟁은 어떠했는지, 사람들과의 관계는 원만했는지……등등 스스로를 채점하는 나날이 이어진다.

그러다보면 자기에게 무언가 부족하다고 감지하게 되는데, 그것은 바로 '즐거움'이다. 그래서 이번에는 그것을 채우기 위해 취미나 탐닉의 대상, 무언가에 흠뻑 빠질 시간을 만들어 잠시 전쟁터에서 도피하듯 거기서 즐거움을 찾고 치유 받는다.

그러나 그런 즐거움은 일상의 전쟁과 단절되어 있는 만큼 오히려 부족하게만 느껴지고 결국 더 큰 고통을 맛본다. 급기야 불만을 터뜨리거나 유유자적 살아가는 것처럼 보이는 타인을 부러워하게 된다.

인생은 전쟁이 아니다. 또 취미나 탐닉은 도피적인 즐거움이 아니다. 그것은 단순히 상상이 엮어낸 가상 체험에 지나지 않다.

사실을 말하자면 우리의 뇌 속에서 벌어지는 일에 불과하다. 계속 같은 꿈을 꾸고, 그 안에서 싸우고 있는 것이다. 따라서 얼른 그것을 알아차리고 잠에서 깨야 현재의 상황을 새롭게 타개할 여지가 생긴다.

그 방법이란 '뇌를 바꾸는 것'이다. 그것을 할 수 있는 사람은 자기 자신밖에 없다.

사고방식을 바꾸는 방법

얼마든지 인생을 살벌한 전쟁터로 만들지 않을 수 있다.

그 방법 중 하나는 자신의 사고방식을 깡그리 바꾸는 것이다. 지금껏 갖고 있던 세속적인 가치판단을 버리고, 앞으로 인생에서 일어나는 모든 일들을 거리낌 없이 받아들이는 것이다.

구체적으로는 '할 수 있다/없다' '좋다/싫다' '성공이다/실패이다' '안다/모른다' '이득이다/손해이다' '우수하다/열등하다' '아름답다/추하다' '젊다/늙었다' '밝다/어둡다'…… 등등의 상대적 사고방식을 벗어던진다.

자신은 물론 타인의 일을 자신의 가치판단으로 채색하지 않는다. 그러면 어떻게 될까? 쓸데없는 상상을 하지 않게 되고 공포도 기대도 사라진다. 그리고 마음속에 청량한 감각이 생겨나서 세상일들이 이전보다 명료하게 보인다.

그 덕분에 통찰력과 이해력이 180도 달라진다. 스스로도 자신이 완전히 변했다는 것을 느낀다. 지금까지 단단하게만 보이던 세계가 어느 사이엔가 유해진 듯 느껴진다.

예컨대 지금까지는 곤란하고 위태로운 일로밖에 보이지 않던 일이나 용건, 일상의 문제들이 일종의 흥미로운 퍼즐, 새로운 장난감처럼 보이는 것이다. 그래서 그것에 맞서는 데 어떤 저항감이나 어려움도 느껴지지 않는다.

어떤 일이 갑자기 쉬워지는 건 아니지만, 지금껏 온힘을 다해 대처해야 할 고통으로밖에 느껴지지 않던 일이 지금부터는 신선한 재미로 느껴진다.

왜 이런 변화가 일어나는 걸까? 자신이 하고 있는 세속적이며 단순한 작업이 갑자기 독자적이며 창조적 활동으로 변했기 때문이다.

새로이 자신의 인생과 나름의 방법을 창조한다

창조란 스스로 처음부터 새로운 것을 만들어내는 것이다. 예술가는 과거의 예술가를 흉내 내지 않는다. 그들은 새로운 하나를 시도하여 혁신을 이루고 예술가가 될 수 있었다.

그들의 시도는 처음에는 늘 세간의 빈축을 사고, 비상식적이거나 비전통적인 방법으로 여겨져 거부당한다. 유명한 화가들은 모두 그랬다. 쿠르베, 세잔, 모네, 달리, 마티스, 피카소…… 이들 예술가들의 창조적인 수법을 떠올리면 쉽게 알 수 있다.

우리 대다수는 예술가가 아니다. 하지만 자신을 바꾸고 인생 자체를 즐기기 위해서는 이 방법이 가장 손쉽다. 즉, 기존의 세속적 가치판단을 버리고 새로이 자신의 인생과 나름의 방식을 창조하는 것

인생이 잘 풀리는 철학적 사고술

이다.

　창조는 언제나 새롭게 변화하기에 종래의 가치판단으로 점수를 매길 수 없고 간단히 측정할 수도 없다. 따라서 예전에 겪었던 고통이나 아픔은 더 이상 찾아오지 않는다. 왜냐하면 지금까지의 고통은 세상의 기준과 가치판단을 따라야 하는 압박에서 오는 것이었기 때문이다.

　그 대신에 창조의 아픔이라는 걸 맛본다. 하지만 그만큼 재미와 중독적인 쾌락이 뒤따른다.

이질적인 것을
배제하지 않는다

사람들은 운에 대해 꽤 신경을 쓴다. 운이 좋았다거나 나빴다거나 하며 태연히 운에 대해 말한다. 운명이라는 게 있다고 믿는 사람도 적지 않고, 점을 봐서 운세를 알 수 있다고 생각하는 사람도 있다.

하지만 운이란 게 무엇인지는 분명하지 않다. 운을 다른 어떤 말로 바꿀 수 있을까? 혹시 그것은 인간이 빠지기 쉬운 어떤 심리적 착각 같은 건 아닐까?

운명이란 무엇인가

이슬람교의 코란을 읽으면 아무리 사소한 것이라도 앞으로 어떤 일이 일어날지, 무엇이 어떻게 될지 개개인의 일생이 하늘의 기록물에 적혀 있다고 한다.

"지상에 일어나는 재앙, 우리를 엄습해오는 것들은 하나 같이 우리가 그것을 받아들이기 이전에 이미 책에 기록되지 않은 것이 없다. 그것은 알라에게는 너무도 손쉬운 일이다."(코란 제57장 중에서)

"알라의 허락 없이는 누구도 죽을 수 없고, 그 정해진 시기는 (하늘의 기록물에) 기록되어 있다."(제3 이므란장 중에서)

따라서 이슬람교도와 내일 있을 회의에 대해서 협의할 때는 "인샬라(만일 신이 원한다면)"라고 말하면 된다. 그가 약속한 날짜와 시간에 올 수 있을지 없을지는 이미 신이 결정하여 하늘의 기록물에 적어두었기 때문이다.

이슬람교도는 이처럼 모든 운명은 미리 정해져 있다고 믿는다. 그리고 그것이 어떠한 운명인지는 오로지 신만이 알고 있다.

운명이 하늘의 기록물에 적혀 있다는 발상은 아라비아어의 '쓰다kataba'라는 말에서 파생되었다. '쓰다'라는 말은 '운명을 정해두다'라는 의미로도 사용되고 있다.

이슬람교를 연 마호메트는 인간 각자의 운명은 어머니의 뱃속에 있을 때부터 성별, 수명, 행·불행에 이르는 세밀한 부분까지 이미 정해져 있다고 말했다.

그 가차 없는 운명론에 대하여 레바논 출생의 사회인류학자이자 철학박사인 사니아 하마디는 그녀의 저서 《아랍인의 의식구조》에서 이렇게 말하고 있다.

"아랍인들은 어느 정도는 주어진 환경이 삶을 좌우하고, 인간이 주어진 운명을 개척해가며 원하는 꿈을 이루고 때론 자신의 행동으로 운명을 바꿀 수도 있다는 사실을 거의 알지 못한다."

"……아랍인에 대한 운명론적 철학의 영향은 종교적 교양에 의한다기보다(원래 운명론적 교의가 운명론적 행동을 촉진하지만) 오히려 정치적 정복, 경제적 빈곤, 사회적 폭력·학대라는 지극히 나쁜 영향에 의해 형성된 것이라고 할 수 있다."

반면 기독교 문화권에서는 신이 도움의 손길을 내밀어주기도 하지만, 인간의 말과 행동은 어디까지나 그 사람의 자유의지에 따른다고 가르친다. 인간은 에덴의 동산에 있던 아담과 이브로 상징되듯이 자신의 자유의사에 따라 생각하고 행동할 수 있다. 즉, 스스로 생각하고 행동해 운명을 만들어간다는 것이다.

'사랑'이 운명을 결정한다

20세기 전반을 풍미한 철학자로 철학적 인간학을 제창한 막스 셸러Max Scheler는 "사랑만이 개인의 운명을 결정한다"고 생각했다. 그러나 이때의 사랑이란 영화나 드라마에서 그려지는 달콤한 소유욕의 변형이 아니다.

예컨대 지식을 늘려가는 것도 사랑에 의한 작용이다. 이것은 타당한 생각으로 만약 우리에게 친절한 마음이 없다면 책 한 권조차도 읽을 수 없을 것이다.

왜냐하면, '책을 읽는다'는 것은 어떤 주장을 하는 상대와 계속 관계를 이어가는 것과 비슷하기 때문이다. 여기에 친절, 즉 사랑이 없다면 상대의 주장을 이해하고 더 나아가 지식을 얻어 상대의 사고방식을 이해할 수 없을 것이다.

지식을 얻는다는 건 결과적으로 한층 새로운 가능성을 손아귀에 넣는다는 것이다. 지식이 있기에 사람은 다음의 문제를 풀 수 있고, 새로운 국면에 대처할 수 있고, 새로운 방법을 고안할 수 있다. 지식이 적을수록 우리는 가난하고 협소한 시각으로 살아가는 수밖에 없다.

신약성서 코린서에도 기록되어 있듯이 사랑의 한 가지 성질은 '화내지 않는 것'이기에, 사랑이 있다면 이질적인 것과 만나도 그것에 반발하거나 도망치거나 하지 않는다. 그러기는커녕 이질적인 것에서 배움을 얻기도 한다.

소위 지성이 있는 사람은 순간순간 감정을 드러내지 않고 의연

한 태도를 취하는데, 그것은 상대를 업신여기기 때문이 아니라 자신과 꽤 동떨어진 상대를 가능한 한 이해하고 받아들이려고 하기 때문이다. 그것 역시 사랑의 자세이다.

어떤 일을 하든지 사랑으로 대하면 지식은 늘고 그것에 대한 가치 영역이 확대되어간다. 즉, 무슨 일에서든 각각의 가치를 발견하는 힘이 생기고 나아가 사람은 물론 일까지 살릴 가능성이 커진다.

그런 자세는 당연히 정신적, 물질적으로 풍요로움을 가져온다.

이것은 운명을 개척해가는 것과 비슷하다. 왜냐하면 보다 큰 가능성을 가지고 살아가는 것이기 때문이다. 막스 셸러가 말하는 "사랑만이 개인의 운명을 결정한다"는 것은 이러한 의미이다. 운이 좋은 방향으로 흘러가도록 하기 위해서는 어떤 것이라도 사랑으로 대해야만 한다.

사랑으로 대하는 사람에게는 솔직히 마음을 열 수밖에 없다

좋다거나 싫다는 이유를 대며 마음의 문을 닫는 대신 일단 문을 열고 그 안으로 들어간다.

어떤 상황이나 상대를 일방적으로 거절하지 않는다. 과거가 어떠했든지 지금의 상황을 봐야 한다. 자신의 이해득실에 따라 상황이나 상대를 이용하고 도움이 되지 않을 것 같으면 가차 없이 버리는 태도는 털어내야 한다. 자신의 마음을 솔직히 밝히고 숨기지 않는다.

　이런 태도로 인생을 살아가면 우리를 둘러싼 상황은 분명 순식간에 바람직한 방향으로 바뀔 것이다. 왜냐하면 그런 태도로 살아가는 사람에게는 상대도 마음을 솔직히 열 수밖에 없기 때문이다. 그리고 비로소 행복이 시작된다.

정말로
실현하고 싶은
일을 위해 노력한다

신에게 간절히 기도한 후에 곧바로 바라던 바가 이루어진 경험이 있는 사람은 결코 많지 않다. 그래서인지 세상의 이목을 의식해 신을 공경하는 것처럼 행동하지만 마음속으로는 그 존재에 반신반의하는 사람도 적지 않다.

오히려 현대인은 하나님이나 부처님의 존재를 의심 없이 믿기보다는 좀더 추상적이고 종래의 방식으로는 설명할 수 없는 어떤 영적인 힘에 눈을 돌리는 경향이 강한 것 같다. 어떤 새로운 신비로움을 안겨주는 존재로서 말이다.

기도해도 소원은 이루어지지 않는다

신적 존재에게 기도하고 소망하는 바를 이룬다는 건 대체 어떤 것일까?

판타지 영화에서 보듯 신적 존재가 인간의 소망에 답해준 것일까?

만약 그렇다면 서로 전쟁을 벌이고 있는 두 나라의 왕이 동시에 상대를 이기게 해달라고 기도한 경우는 어떤 결과가 초래될까?

기원전 고대 중동에서는 전쟁에서 이긴 국가의 왕이나 부족장 곁에는 틀림없이 '신이 함께한다'고 여겼다. 또 머리숱이 많은 건 신에게 사랑받는다는 증거이고, 키가 크고 체격이 좋은 건 왕이 될 자격이 있다는 증거이며, 병이나 빈곤은 신이 내린 벌이라는 식으로 생각하기도 했다.

이렇듯 인간에게 유리한 상황이나 그 원인을 몽땅 신적 존재 덕분으로 돌린다. 물론 간절히 바라던 일이 이루어지는 것은 신이 도와주고 있다는 명백한 증거이다.

그러나 구약성서를 보면 이 세상에 얼마나 불공평한 일들이 수도 없이 벌어지는가 하는 불평 섞인 한탄도 적지 않다. 악인들은 대대로 유복하게 살아가는데 어째서 자신은 이런 병에 걸린 것인지를 한탄하기도 한다.

"이럴 거면 아예 태어나지 않는 게 나았다" 혹은 "이 세상 모든 게 허무하다"라고 하소연하기도 한다. 한편 자신은 가난하고 아무 힘도 없지만 그저 생활이 곤궁하지 않을 정도만 일용품을 내려달라고 겸손하게 신에게 기도하는 사람도 있다.

왜 어떤 사람의 소원은 이루어지고 또 다른 사람의 소원은 이루어지지 않는 것일까? 정말로 신이 소원을 들어준 것일까?

그러나 기도를 해서 소원을 이룰 수 있다는 사고방식을 깊이 파헤쳐보면 이상한 점이 한두 군데가 아니라는 걸 알 수 있다.

신이 기도를 듣고 그 자리에서 인간의 바람을 이루어준다면 우리는 애써 땀 흘려 일하지 않아도 좋을지 모른다. 마치 편리한 자동판매기처럼 신이 모든 걸 들어주기 때문이다. 게다가 언제 어디서든 공짜로 이용할 수도 있다. 그런데 과연 이런 존재를 신이라고 불러도 좋을까?

아니면 신은 기도하는 사람이 지금까지 해온 잘하고 잘못한 일들을 일일이 채점해서 어느 정도의 수준에 이르면 소망을 들어주는 것일까? 그러나 이런 성과주의식 편협함도 신적 존재와는 어울리지 않는다.

다른 시점에서도 생각해볼 수 있다. 어떤 사람이 진지하게 기도

인생이 잘 풀리는 철학적 사고술

를 하고 신에게 공양물을 바친다. 아니 실제로는 공양물 따위는 전혀 바치지 않았다. 그런데도 소망이 이루어진다면, 신은 사람에게 쉽게 조종당하는 존재로 볼 수 있다. 또 공양물을 바쳤을 때만 소망을 들어주는 신이라면 사람에게 협박받고 움직인다고 볼 수 있다. 하지만 이것 또한 신에게는 어울리지 않는다.

이번에는 반대로 기도해도 소원이 이루어지지 않는다면 어떨까? 그것은 신이 존재하지 않는다는 증거일까? 어쩌면 신은 존재하지만 그저 눈물을 머금고 침묵하고 있을 뿐일지도 모른다.

'만약 신이 정말로 존재하고 전지전능하다면 악과 도의적 결함으로 가득한 이 혼탁한 세상을 어떻게든 해주지 않았을까?' 하는 의구심은 이미 기원전 4세기부터 존재했다.

거기에 당시 기독교 철학자인 아우구스티누스는 이렇게 답했다. 신은 이성을 가진 특별한 피조물인 인간에게 자유의지를 주었다고. 인간은 자신의 의지에 따라 선도 악도 행할 수 있다. 아우구스티누스는 이렇게 덧붙인다. 만일 악이 없는 세상이 존재한다면 그것은 인간이 없는 세계일 것이라고.

이런 생각은 기독교 신학계의 고전적 사고방식이기도 하다.

반면 유태교에서는 세계가 아직 불완전한 것은 신이 여전히 세계를 창조하고 있기 때문이라고 여긴다. 그들은 유태교도가 신의 세계창조를 돕는다는 자긍심도 갖고 있다.

진심으로 원하고 노력하면 반드시 얻을 수 있다

신의 존재와 악인의 존재, 불공평함에 대하여 신약성서에서 예수는 다음과 같이 답하고 있다.

"신은 선인에게도 악인에게도 평등하게 비를 내린다."

예수는 인간의 소원성취에 대해서도 이렇게 한마디로 답한다.

"구하라, 그러면 얻을 것이다."

여기서 '구하라'는 것은 단순히 '무엇을 원한다'고 말하는 데 그치는 것이 아니라 집요하게 원하는 것이다. 상대가 질려서 나가떨어질 만큼 절실히 원하는 것이다. 즉, 자신의 손에 넣을 때까지 결코 포기하지 않을 만큼의 열정을 의미한다.

주변에 자신이 진심으로 하고 싶었던 일을 평생의 소명으로 삼아 이뤄낸 사람들을 보면 그 의미를 충분히 알 수 있을 것이다.

아무리 조건이나 환경이 나빠도 진심으로 원하고 노력한다면 반드시 얻을 수 있다.

그것은 적극적인 소망의 성취로, 누군가 자신이 원하는 것을 앞에 가져다놓아주는 기적을 하염없이 기다리는 게으름이나 옛 땅에서 어떤 기운 같은 것을 얻으려 여행을 떠나거나 종잇조각에 불과한

부적을 특수한 것이라고 믿는 미신적 행동과는 전혀 다르다. 무엇보
다 소원을 성취하는 가장 확실한 방법인 것이다.

일 그 자체를
즐긴다

대다수의 사람들은 일에 얽히고설켜 어려움을 겪는다.

동경하는 일을 하지 못한다는 아픔. 현재 하는 일에 만족하지 못하지만 그렇다고 간단히 직장을 옮길 수도 없다는 초조함. 지금 하는 일에서 오는 엄청난 압박감.

충분히 돈을 벌지 못한다는 괴로움. 일하는 데 있어 자신의 개성이나 실력을 마음껏 살릴 수 없다는 불만. 동료나 거래처 사이에서 생겨나는 인간관계의 고단함. 자신이 하는 일의 사회공헌성이나 준법성에 대한 의심. 전직이나 창업에 대한 불안.

일을 통해 즐거움을 얻을 수 있다

높은 보수, 충실한 복리후생과 설비, 손쉬운 업무, 짧은 근무시간, 재충전할 수 있는 충분한 휴가기간……. 이런 조건에 매료되어 입사한 사람은 정말 열심히 일할까? 돈을 횡령하거나 뇌물도 받지 않고 늘 생동감에 넘쳐 일할 수 있을까?

우리는 일을 하고 그 대가로 돈을 받는다. 그러나 일이란 돈을 얻기 위한 수단만은 아니다. 만약 돈벌이만이 목적이라면 타인의 돈을 강탈하거나 사기를 쳐서 빼앗는 게 훨씬 빠를 것이다.

우리는 일을 통해 돈을 얻지만, 일이 가지는 의의는 자신이 거기에 관여하는 데 있다.

생활하는 사람의 관점에서 철학을 들려주는 알랭의 《행복론》에 이런 말이 있다.

"힘이 되는 일은 그 자체로 즐거움이다…… 일로 얻을 수 있는 이익 때문이 아니라 일 그 자체에서 그렇다."

너무도 또렷한 의미를 담고 있지만 평탄한 문장이라 그저 흘려버리기 쉽다. 그러나 이 말은 우리 인간에게 일이 가지는 첫 번째 의의를 극적으로 들려준다.

즐겁지 않은 일은 그 누구도 하고 싶어 하지 않는다. 그러나 여기서 말하는 즐거움이라는 것은 안이한 오락이나 유흥과는 그 성질이 다르다. 역경, 위험, 미래가 보이지 않는 불예측성, 성취할 가능성이

낮은 일도 즐거울 수 있기 때문이다.

"일단 과제가 주어지면 그 자체를 즐긴다."

"결국 창조의 즐거움, 현실로 만들어가는 즐거움, 소망하는 즐거움, 그리고 일하는 즐거움."

따라서 일로 얻는 즐거움은 향락과 같은 수준의 것이 아니다. 스스로 적극적으로 관여하는 즐거움, 위험성을 알면서도 적극적으로 도전하는 즐거움이다.

일은 사람을 좋은 인생으로 이끌어준다

어린 시절 우리는 천진난만하게 장차 어떤 일을 하고 싶은지를 말하곤 했다. 버스 운전사, 화가, 지휘자, 운동선수, 디자이너, 요리사, 철도원, 경찰관, 간호사 등등 하나같이 모두 구체적인 직업들이다.

그런데 성인이 될수록 그저 평균 이상의 급여를 보장받고 자신의 체면을 구기지 않는 견실한 일을 하길 바란다. 천진하고 순수한 마음은 이미 사라지고 없다. 그 대신 계산기를 두드려 이해손실을 따지고 타인의 눈에 근사하게 보이고 싶다는 허세로 채워진다.

구체적인 일 대신 그저 일로 인해 주어지는 것들을 욕심내는 마음만이 있을 뿐이다.

그러나 우리는 어리석게도 자신이 욕심내는 일에 부수적으로 뒤따르는 것들이 장차 자신을 괴롭히게 될 거라는 사실을 깨닫지

인생이 잘 풀리는 철학적 사고술

못한다.

끊임없이 꿈을 말하는 사람도 마찬가지이다. 그는 그 뒤에 따라오는 쾌락이나 안락함, 풍요로움을 마음속 깊이 바라고 있다. 그래서 꿈을 말하는 사람은 대개 그 꿈을 실현시키지 못한다. 자신이 그 일에 깊이 관여하는 것을 진심으로 바라지 않기 때문이다.

온힘을 다해 일을 마친 후 식사나 목욕을 하고 수다를 떨거나 잠을 자는 건 즐겁다. 하지만 꿈을 말하는 사람들은 열심히 일은 하지 않고 다른 즐거움을 얻겠다고 말한다. 그것은 마치 식사로 달콤한 디저트만 먹겠다는 말과도 같다.

우리에게 일이 필요한 건 거기서 받는 임금으로 생계를 해결하거나 혹은 사치하기 위해서가 아니다. 우리는 일을 통해 좋은 인간이 될 수 있다. 일을 통해 조금씩 더 좋은 인간이 되고 더 나아가 좋은 인생을 살 수 있다.

예컨대 우리는 일에 매진함으로써 악에서 벗어날 수 있다. 일이 망상이나 악으로 나아가는 시간과 기회를 빼앗아가기 때문이다. 범죄자나 도박사를 보면 알 수 있다. 그들은 자신의 일에 온몸을 던져 매진하지 않는다.

뇌물이나 횡령처럼 일을 통해 나쁜 짓을 저지르는 사람도 있다.

그런 사람은 단순히 일을 돈을 획득하기 위한 수단으로밖에 보지 않는다. 하물며 구제될 길 없는 범죄 행위를 통해 자신은 물론 인간 전체를 멸시하는 결과에 이른다. 그들은 이득에 현혹되어 스스로 지옥을 건너는 어리석은 사람에 지나지 않다.

일을 소중히 생각하고 정성스럽게 해나간다

일은 말없이 '미덕'이라고 불리는 것의 의의를 가르쳐준다.

예컨대 신뢰와 정직이라는 미덕이다. 이 두 가지가 없다면 어떤 일도, 설사 악한 일조차도 성립되지 않는다. 서로를 신뢰하고 정직하게 행동할 때 많은 것들을 이룰 수 있다. 지극히 개인적 행위로 보이는 예술가의 창작조차도 그렇다.

더 나아가 일은 우리를 확실히 변화시킨다. 그 일을 해냈는지 해내지 못했는지, 완성시킬 때까지 견뎌냈는지 견뎌내지 못했는지, 일을 하면서 뒤따르는 수많은 장애와 문제를 극복했는지 극복하지 못했는지, 그 하나하나가 자신을 바꾸어가는 것이다.

또한 일로 자기 자신에 대한 신뢰감을 높일 수 있다. 실적이 좋으면 자신감이 생기고 그것은 새로운 가능성의 도전으로 이어진다.

일은 자신의 기술이나 능력을 향상시켜줄 뿐 아니라 인간성, 윤리, 인생관도 크게 변화시킨다. 일을 소중히 여기고, 그것을 통해 보수 이상의 것을 얻는다는 자각을 가지고 정성을 다하여 꾸준히 일하

인생이 잘 풀리는 철학적 사고술

는 사람만이 진정으로 자신의 일을 가진 사람이라 할 수 있다.

이런 상태는 당연히 행복의 범주에 포함시켜도 좋을 것이다.

나를
버린다

어느 정도 나이가 들면 보통 인생에 대해 의문을 갖게 된다. '나는 무엇을 위하여 사는 것일까?'란 질문을 던지게 되는 것이다. 그리고 그 물음에 대한 답을 찾고자 인생의 보람이 될 만한 것들을 찾아 나선다. 그런데 만약 그렇게 해서 답을 찾아낸다면 다행이지만, 찾는다고 해도 곧 허무함이 엄습해온다.

비파법사(일본 헤이안 시대에 거리에서 비파를 연주하던 승려-옮긴이)가 읊었듯 '제행무상諸行無常'을 흉내 내보았자 아무것도 변하지 않는다. 꾸물거리는 동안 나이만 먹고 점점 돈의 위력을 느낄 뿐이다. 그래서 속으로는 '돈이 전부'라고 생각하지만 다른 사람들 앞에서는

인생이 잘 풀리는 철학적 사고술

당연히 그렇게 말하지 못한다.

'인생이란 무엇인가?' 여전히 잘 모르겠다. '모든 것은 무無가 아닐까?' 그런 생각이 들어도 이상할 것이 없다.

욕심에 사로잡히면 인생은 고통과 고민뿐이다

19세기의 사상가 아르투르 쇼펜하우어Arthur Schopenhauer는 만년에 얼굴이 마치 귀신같았다. 그러나 《의지와 표상으로서의 세계》를 집필하던 30대 초반 무렵에는 얼굴이 갸름하고 주름도 깊지 않은 모습이다.

꽤나 유명한 철학자였던 그에게는 '염세주의자'라는 꼬리표가 붙어 있다. 《자살에 대하여》라는 제목의 글도 있고 《의지와 표상으로서의 세계》는 비관주의로 채색되어 있는 듯 보이기 때문이다.

확실히 이 책을 절반쯤 읽으면 마음이 어둠에 사로잡히고 만다. 그야말로 염세주의적 내용이라고 말하고 싶다. 왜냐하면 책 안에 이런 말들이 적혀 있기 때문이다.

"직접적으로 우리에게 주어진 것은 늘 그저 결핍, 즉 고통밖에 없다." "소망하는 것은 결코 채워지지 않고, 노력은 물거품이 되고, 희망은 무자비하게 운명에 짓밟혀 일생은 전체적으로 불행한 오산誤算이고 더불어 고민은 나이를 먹을수록 많아지고 끝내 죽음이 온다."

평범한 인생이란 그런 것이라고 쇼펜하우어는 말한다. 그러나 인생이 그렇게 흘러가는 것은 인간이 이기적 욕심에 농락당하는 대로 살아가기 때문이다.

무겁게, 숨 막히는 어둠 속을 헤매듯 그의 책을 계속 읽다보면 이윽고 욕심에서 해방되었을 때 인간이 어떻게 되는지를 간절하고 세심하게 들려주는 말과 만나게 된다. 마치 철학 책이 아닌 종교의 비밀을 밝히는 듯한 내용이다.

욕심을 버렸을 때 인간은 어떻게 될까? '무'가 된다. 무란 불교의 선승은 물론 기독교를 비롯한 다른 종교에서 성자라고 불리는 사람들이 다다른 인간성의 새로운 차원을 표현한 것이다.

무는 Nothing, 즉 아무것도 없다는 게 아니다. 여기에서 무는 소위 이기적 욕심이 벗겨진 상태를 말한다.

욕심을 버리고 무의 상태가 되어도 나는 여기에 존재한다. 하지만 그것은 이전의 나와는 다르다. 즉, 전과는 달리 온갖 존재에 스며들 수 있는 내가 되는 것이다.

예컨대 나무를 보면 내가 나무인지 나무가 나인지 돌연 구별할 수 없게 된다. 또 그곳에 동물이 있다면 그 동물과 자신과의 경계가 모호해진다. 물건을 봐도 그러하다.

현대인들은 그것을 두고 '바보 같다'고 생각할지도 모른다. 그러나 그런 상태가 되어 달라진 사람들이 있다. 또 질병이나 고뇌, 역경을 통하여 뜻밖에 무를 체험한 사람도 있다. 그런 사람들에게 쇼펜하우어의 사상은 매우 이해하기 쉬울 것이다.

일본 가마구라 시대에 무의 상태를 체험한 도겐道元은 그 느낌을 단 네 개의 글자로 표현했다. '심신탈락心身脱落'이 바로 그것이다.

좌선을 하다가 어느 순간에 자신의 몸도 마음도 빠져나갔다는 의미이다. 그렇게 표현하는 수밖에 없을 만큼 자아ego라는 게 사라져버렸다는 뜻일 것이다.

나라는 존재가 사라지면 다른 사람의 아픔을 이해하게 된다

그렇다면 자아가 사라지면 무엇이 어떻게 달라질까? 그 변화에 대해서는 표현이 제각기 다른데, 쇼펜하우어는 《의지와 표상으로서의 세계》에서 타인의 아픔이 마치 자기 것처럼 느껴진다고 말한다. 즉, 타인의 생명이 자신의 것인 양 따스하게 느껴진다는 것이다.

이전에는 자아가 마치 갑옷처럼 완고하게 자신을 감싸고 있어서 타인의 아픔을 이해하지 못했다면 그 갑옷이 말끔히 벗겨지는 것이다. 그리고 그런 변화로 말미암아 감수성이 변모한다.

사물을 바라보는 눈도 완전히 달라진다. 이전과는 다르게 많은 것들이 그저 일반적인 것으로서 눈에 비친다. 여기서 말하는 '일반적'이라는 것은 '보통'이라는 의미가 아니다. 어디에서든 어느 시대이든 누구에게든 일어날 수 있는 일로 여러 가지 것들을 받아들일 수 있게 된다는 뜻이다.

예컨대 예전에는 성격 나쁘고 교활한 사람이 곤경에 빠지면 '꼴좋다'며 고소해했다고 가정해보자. 그런데 자신이 무에 가까워지면 그 사람의 고통이 마치 나의 고통처럼 느껴지고 그 사람을 마음으로부터 깊이 동정하게 된다.

결국 자신과 타인 모두 그저 한 사람의 인간으로 보게 되는 것이다. 그 사람의 아름다움과 추함, 공적 등 과거의 일 같은 것은 일절 신경 쓰지 않고 지금의 그 사람만을 보게 된다.

선승들의 어록에는 '스승을 만나면 스승을 죽이고, 부모를 만나면 부모를 죽인다'는 말이 있다. 여기서 말하는 '죽이다'라는 표현이 몹시 살벌하게 느껴져 그 의미를 쉽사리 받아들이기 어려울지도 모른다. 하지만 '죽이다'라는 말은 '숨을 죽이다'와 같은 의미로, 어떤 것을 무시한다는 것이다.

따라서 '스승을 만나면 스승을 죽이고……'라는 말은 상대가 비록 자신의 스승일지라도, 혹은 자신의 생사를 좌우할 만큼 힘을 가진 인물이라도 나와의 관계나 이해득실을 무시하고 상대를 그저 한 사람의 인간으로 바라본다는 의미이다.

인생이 잘 풀리는 철학적 사고술

마음속에서 동정이 생긴다

무의 경지에 이른 사람이 경험하는 이런 '인간성의 전환'이라고 일컬을 만한 변화는 선禪의 깨달음 뒤에만 볼 수 있는 것은 아니다. 인도의 베다, 기독교, 또 다른 종교에서도 볼 수 있다.

물론 종교와 무관한 사람도 비슷한 수준에서 무를 체험하기도 한다. 그런 사람은 자신의 변화를 분명히 알아차리지만 결코 입 밖으로 내뱉지 않는다. 그저 '모든 사람과 생명은 똑같다'는 느낌으로 담담하게 생활해간다. 그런 까닭에 주위 사람들은 그 변모를 전혀 알아차리지 못한다.

쇼펜하우어는 베다의 의식에서 흥미로운 예를 들고 있다.

"……앞으로 가르침을 받으려는 자의 눈앞에 생물, 무생물을 불문하고 세상의 온갖 존재를 차례로 가져와 통과시키고, 그 하나하나에 대하여 정식이 된 그 말……을 떠올린다. 그 말은 '너는 그것이다 tat tvam asi'라는 의미이다."

이것도 자기의 일반화를 의식과 말로 표현한 것이다.

이런 자아와 타자의 동일화에 의해서 상대의 마음이 마치 자신의 마음인 것처럼 느껴진다. 그러면 그곳에 동정이 생겨나는데, 그것은 겉으로 꾸며낸 것이 아닌 가슴 깊은 곳에서 우러나오는 감정이다.

따라서 쇼펜하우어는 '모든 사랑은 동정'이라고 단언한다. 더 나아가 '모든 진실하고 순수한 사랑은 동정이고, 동정이 아닌 어떠한 사랑도 자기애'라고 말한다.

사랑이란 '함께 아파하는' 것이다

사랑이라는 말은 현대에 와서 일종의 응석이나 도취라는 의미를 가진 세속적 말로 추락해버렸다. 거기에는 언어의 의미와 내용을 변질시키는 힘을 지닌 광고나 TV, 영화 같은 미디어의 영향 탓도 있을 것이다.

그러나 쇼펜하우어가 말하는 동정으로서의 사랑은 상대의 아픔을 자신도 똑같이 느낀다는 의미이다.

그가 사용하는 '동정'이라는 말이 독일어 미트라이트Mitleid에서 왔기 때문이다. mit는 '함께'라는 의미이고 leiden는 '아파하다'라는 의미이다. 결국 그가 말한 동정은 '함께 아파하다'라는 의미를 담고 있다.

쇼펜하우어는 '함께 아파하는' 것만이 사랑이라고 말한다. 함께 아파하고 그것을 실감할 수 있을 때에 사람은 마침내 자아의 껍질을 깨고 나온다. 그 사람은 무가 얼마나 밝고 무한히 광활한지를 온몸으로 알고 있다.

이렇게나 무와 사랑과 동정의 신비에 대하여 말하는 철학이 과연 염세주의 철학일까. 사랑에 깊은 내실을 선사하고 마음속 깊이

서로를 위하는 삶의 지평을 보여주는 철학이 과연 비관적이라고 할
수 있을까.

청결하게
살아간다

대체 무엇을 소유해야 누구나 행복하다고 인정할까? 집과 토지, 별장은 물론 선박까지 가져야 할까?

만일 행복이 반드시 소유와 연관되어 있지 않다면 단순히 마음의 문제인 걸까? 하지만 마음은 불안정한 것으로, 흔들리고 잦아들지 않는다. 또 감정과 구별조차 어렵다.

그렇다면 전혀 다른 곳에 행복으로 통하는 길이 있는 것일까?

니체는 '청결이 행복으로 이어진다'고 말했다

풍성하고 덥수룩한 콧수염을 자랑하는 니체는 이탈리아와 스페

인을 오갔던 기묘한 철학자로, 그런 사내가 한 철학적 말들이 현대를 살아가는 평범한 사람들과 대체 무슨 관계가 있는지 의아해할지도 모른다.

그러나 니체와 같은 철학자들도 우리와 마찬가지로 사랑하고 괴로워하는 인간들로, 애당초 그들의 사고나 감성이 보통 사람들과 멀찌감치 동떨어져 있거나 천재적인 것은 아니었다.

단지 그들은 우리가 말로는 변환할 수 없는 생각을 어떤 식으로든 언어로 표현하려 했고, 그것으로 우리의 삶에 공헌해왔다.

니체는 알랭처럼《행복론》을 쓰지는 않았다. 하지만 그의 저서 곳곳에서 행복에 대한 상당히 좋은 조언들과 만날 수 있다. 예를 들면《여러 다양한 의견과 잠언》에는 이런 글이 있다.

"청결한 것이 좋다.―어릴 적에 청결을 좋아하는 감각을, 그것이 정열이 될 정도로까지 불태워야 한다. 훗날 그것은 이를 테면 새로운 모습으로 바뀌어 고무되고 거의 모든 미덕에 이른다. 그리고 최후에 그것은 온갖 재능을 바로잡음으로써 청결, 절도, 온화, 품성이라는 소위 빛의 베일처럼 보인다.―행복을 몸에 두르고 그것을 주변에 널리 펼치는 것으로."

조금도 어려울 게 없는 말이다. 어릴 적부터 청결을 좋아하는 성향을 키워주면 그것이 미덕이 되고 마침내 자신과 주변 사람들에게 행복을 가져온다는 이야기이다.

왜 청결이 미덕이나 행복으로 이어질까? 청결 관념은 손이나 발을 닦는 등의 물리적 위생관념에 그치지 않고 자연스럽게 정신과 행동에 대한 것으로 이어지기 때문이다.

물리적인 것과 정신적인 것이 이어지는 신비

이것은 우리가 사용하는 언어 사용법에도 분명히 나타난다. '더럽다'는 말은 위생적이지 못한 상태 외에도 일이나 행동, 배치의 미학에도 사용된다. '깨끗하다'는 표현처럼 말이다 .

그런 감각에서 보면, 도둑질, 거짓말, 억압, 배척, 시기 등은 '더러운' 일이다. 따라서 어릴 적부터 더러운 것보다 깨끗한 것을 좋아하는 성향을 키워두면 악이나 그 주변의 더러운 것들을 멀찌감치 밀어낼 수 있다.

나쁜 일이나 정도를 넘어서는 일들을 불결하다고 여겨 꺼리고 청결을 지향하는 삶의 방식은 자연스럽게 좋은 품성을 낳는다.

그런 사람은 손쉽게 생활의 쾌적함을 얻을 수 있고, 악이 포함된 문제를 판단함에 있어 좀처럼 주저하지 않는다. 지저분한 일을 하면서 얼굴을 찌푸릴 일도 없고, 주변에도 청결함을 좋아하는 사람들이 모인다. 이런 삶의 태도는 당연히 삶에 행복을 가져온다.

그런데 철학적으로 흥미로운 것은, 청결이 미덕이나 행복으로 이어지듯이 인간에게 있어 물리적인 것과 정신적인 것이 어떻게 상호 연결되어 있는가 하는 문제이다.

'심신일여心身一如'라는 옛 사람들의 말이 이것을 표현한 것이지만, 어째서 그런가 하는 의문에 대한 설명이 되지는 않는다.

아니면, 인간은 말로써 사물을 분석하는 경향이 있어서 본디 나뉘지 않은 것에 편의적으로 이름을 붙이고, 그 명칭에 의하여 별개의 것으로 구분하는 걸까? 아직 아무도 그것은 알지 못한다.

2장.

고민하지 말고
생각하라

세상은
'이해하는' 것이 아니라
'살아가는' 것이다

오로지 돈벌이가 목적인 사이비 종교의 교조가 들려주는 세계관에는 빈틈이라고는 하나도 없다. 그는 왜 세상이 이러한지를 너무도 논리정연하게 설명한다.

헤겔이라는 유명한 철학자의《정신의 현상학》에도 (사이비 종교와는 다르지만) 세계가 어떠한지가 잘 설명되어 있다. 헤겔은 세계 정신이라는 것이 생성되어 발전해가는 것이 세계의 역사라고 설명한다.

고사기(고대 일본의 신화·전설 및 사적을 기술한 책–옮긴이)에도 성서에도 세계가 어떻게 시작되었는지를 기록하고 있다. 코란에서는 이세계에서 일어나는 모든 일들이 이미 하늘의 기록물에 적혀있다고

인생이 잘 풀리는 철학적 사고술

말한다.

요컨대 어느 문헌을 읽든 세계에 대하여 그럴싸하게 잘 설명하고 있다. 물론 그 세계관은 각기 다르다. 세상에는 큰 종교만도 170여 개가 있다고 알려져 있으니 최소 170여 개의 세계관이 존재하는 셈이다.

그렇다면 어떤 것이 현실을 올바르게 표현하고 있을까. 혹은 종교나 사상이 들려주는 세계관은 사실은 죄다 의심스러운 허구에 불과하며 여전히 세계는 혼탁한 상태인 것일까.

애당초 세상의 모든 것을 이해하는 것은 무리이다

사람은 어쩌면 태어날 때부터 병에 걸려 있는지도 모른다. 그 병이란 이 세계를 알고 싶다는 욕구이다. 세계 각지의 종교서나 성전이 세상의 시초에 대하여 이야기하는 것은 이런 사람들의 욕구에 부응하기 위해서이다. 그리고 그런 설명 후에는 늘 어떻게 살아야 하는가에 대한 이야기가 천천히 전개된다.

각각의 종교나 사상이 세상을 보는 관점은 다르더라도 그 뒤에는 결국 '어떻게 살아가야 하는지'에 대한 지침을 제시하고 있다. 이런 면에서 보면 자본주의를 표방하는 비즈니스 서적의 수준이 높아질수록 경제뿐 아니라 윤리와 생활에 대해서 이야기하는 것도 전혀 이상하지 않다.

현대에는 기독교와 이슬람교라는 두 관점이 충돌하고 있다. 세계 곳곳에서 분쟁이 일어나고 때로는 살육사태로까지 이어지기도 한다. 두 종교는 세계관이 다르다. 즉, 세계에 대한 이해가 다르고 따라서 윤리관도 전혀 다르다. 만약 서로 상반되는 세계관과 윤리관을 뛰어넘어 인간성이라는 공통의 기반 위에서 양자가 차분히 대화를 나눌 수 있다면 분명 충돌이 줄어들 것이다. 하지만 이런 생각은 터키과자보다도 더 달콤한 상상일지도 모른다. 두 종교가 가진 세계관의 차이가 너무도 크기 때문이다.

그래서 때로는 한쪽이 추앙하는 개념이 다른 쪽에게는 마치 헛소리처럼 보이기까지 한다. 예컨대 개신교 국가인 미국의 '자유' 개념은 이슬람교도로서는 도저히 이해할 수 없는 것이다. 왜냐하면 그들에게는 자유보다는 '복종'이 종교적으로는 훨씬 가치 있는 것이기 때문이다. 본디 이슬람이란 말이 '복종'이라는 의미이다. 또 노동에 대한 개념도 크게 다르다.

옳은지 아닌지는 오직 사실만이 분명히 할 수 있다

여기서 소박한 의문이 생긴다. 기독교와 이슬람교 중 어느 쪽의 세계관이 현실 세계에 입각하고 있는가 하는 것이다.

이 의문은 한층 커져서 유태교, 힌두교, 불교 혹은 여러 신흥종교 중 어느 것이 세계를 바라보는 시점으로 옳다고 말할 수 있는가 하는 질문을 던지게 된다.

각 종교를 신봉하는 사람들은 당연히 자신의 종교만이 세계를 올바르게 보고 있다고 주장할 것이다. 실제로도 그런 식으로 자기 말이 옳다며 소리 높여 주장하고 있다.

귀 기울여 들어보면, 그들 종교는 하나 같이 나름의 이야기를 들려준다. 예컨대 이슬람교는 성서에 기록되어 있는 신은 사실 알라라고 주장하고, 코란에도 그렇게 기록되어 있다.

이슬람교든 기독교든 유태교든 힌두교든 그 세계관은 처음부터 끝까지 일관성을 가진다. 신은 이러하고, 인간은 이러하며, 어떻게 사는 게 좋은지에 대하여 이야기하는 것이다.

모두 차분히 세계와 인생에 대하여 논리적으로 설명하고 있다. 그러면 여기서 또다시 의문이 생긴다. 어째서 모든 종교가 일관성을 가지고 세계와 인생에 대해 설명할 수 있는 것일까 하는 것이다.

그 이유는 아마도 '사람이 문법을 가진 언어를 사용하고 있기 때문'일 것이다.

문법에 맞춰 말을 하거나 글을 쓰면 일련의 명료한 흐름이 생기고 그것이 맥락이나 논리를 낳는다. 결국 문장이 시작되고 맥락을

잡고 마무리된다.

만일 문법이라는 게 없다면 "어쩌면 사두마차가 지금 막 구름 낀 하늘이 부화하는 가운데 일찍이……"라는 문장이 있어도 조금도 이상하지 않을 것이다. 그러나 실제로 이 문장의 의미는 불분명하고 이해하기 힘들다.

문법이 있기에 '무엇이 어떠했다'라는 어순이 지켜지고, 문맥이 잡히고, 결국 의미를 짐작하고 이해할 수 있는 문장이 만들어진다.

그러나 문장에 담긴 내용의 진위는 사실에 비춰보지 않으면 알 수 없다. 비트겐슈타인은 《논리철학논고》의 많은 부분을 할애하여 이런 이야기를 한다.

그런데 사실에 비추어 이해할 수 있는 것은 쉽게 확인할 수 있는 현시점의 것들뿐이다. 예를 들어 우리가 이미 알고 있듯 제2차 세계 대전 중 일어난 난징 학살사건만 봐도 불과 얼마 전의 일인데도 명확히 사실 확인이 어렵다.

믿는 사람이 많다고 해서 옳다고 할 수 없다

따라서 수많은 문서가 있고 그 내용이 세상의 창조부터 종말에 이르는 기술일지라도 누구도 그 진위를 알아낼 방법이 없다. 그리고 이렇듯 진위를 알 수 없지만 그것은 진실이라고 믿는 것이 바로 신앙이다.

인생이 잘 풀리는 철학적 사고술

종교의 성전이 아닌 주의나 신조, 사상도 마찬가지이다. 문법에 맞는 문장으로 말하는 한 어느 것이든 논리에 일관성은 있다. 그렇기에 과거에 이른바 마르크스주의자가 생겨났고 그들이 목숨을 걸고 공산주의를 신봉했던 것이다.

그런데 믿는 사람이 많다고 해서 어떤 주의나 신조가 옳다고는 할 수 없다. 여전히 그 진위를 확인할 수 없기 때문이다. 그렇기에 그것에 인생을 '거는' 사람도 있다. 물론 그런다고 해서 천칭이 기울어질 가능성이 높아지는 것은 아니지만.

어째서 사람은 어떤 것을 선택하고 믿는 것일까? 어떤 사람은 우연히 믿는가하면 어떤 사람은 주변인들의 영향을 받아 선택한다. 또 논리의 정합성에 매료당하여 믿는 사람도 있을 것이다.

그러나 세계를 설명하는 논리가 아무리 빈틈없이 들어맞는다고 해도 그것이 내용이 옳다는 것까지 보증할 수는 없다. 앞에서도 말했듯이 그것이 옳은 것처럼 여겨지는 것은, 우리의 두뇌가 문법에 따라 맥락을 이해하고 거기서 의미를 이끌어내기 때문이다.

그래서 사람은 내용이 옳은 것과 문법적으로 옳은 것을 혼동하게 된다. 그런 이유로 우주인에 의해 인류와 세계가 창조되었다거나 구약성서에 등장하는 사람들은 사실 인디언이었다거나 하는 사이비 종교가 만연하는 것이다.

산다는 것은 알아가는 것

그렇다면 세계는 설명할 수 없는 것일까? 아마 언어로는 설명할 수 없을 것이다. 그러나 우리는 살아갈 수는 있다. 언어와 자신의 몸뚱이를 가지고.

괴테가 희곡 《파우스트》에서 그린 파우스트 박사는 모든 책을 읽고 학문을 익혔지만 세계를 완전히 이해할 수는 없었다. 그래서 그는 악마의 힘을 빌려 다시 젊어진 후 인간과 세계의 모든 것을 알기 위하여 다시 한 번 인생의 향락을 맛보게 된다. 그러고 나서 최종적으로 이렇게 말한다. "순간이여, 멈춰라. 그대는 아름답다"라고.

파우스트 박사처럼 우리에게 필요한 것은 이 세계를 죽을 때까지 살아가는 것이다. 그것만이 세계를 이해할 수 있는 유일한 방법이다.

그것은 다른 말로 하자면, 몸과 마음으로 이 세상을 알아가는 것이다. 물론 그 앎을 얻었다고 하여 세계를 설명할 수는 없다. 왜냐하면 나의 몸과 마음도 그 세계에 포함되어 있기 때문이다. 그래서 설명하기 어려운 것이다. 따라서 몸과 마음으로 알게 된 것은 오히려 사랑에 가까울 것이다.

생각만 하지 말고
말과 행동으로
표현한다

평소에도 우리는 이런저런 생각들을 많이 한다. 많이 생각하고, 고민하고, 또다시 생각을 고치고 그래도 해결방법을 찾아내지 못할 때가 있다.

'서툰 생각은 휴식과 같다'는 속담이 있다. 제대로 된 지식 없이 생각할 바에는 아예 생각하지 않고 행동하는 게 나을까? 그러나 행동하려고 해도 어떻게 하는 게 좋을지 알 수 없다. 그래서 다시 생각하게 된다.

아니면, 사고법이 잘못된 것일까? 제대로 생각하기 위해서는 논리학 책이라도 읽어보는 게 좋지 않을까? 그러나 그런 책의 내용이란 대개가 수학에 관련된 것이다.

우리가 찾고자 하는 건 그런 내용이 아니라 어떤 식으로 생각해야 자신의 일 혹은 현실생활에 도움이 될까 하는 것이다.

우리는 진짜 생각하고 있을까?

파스칼은 《팡세》에서 '인간은 생각하는 갈대'라고 몇 번이고 말했다. 물론 이 말은 상징적인 표현이다. 17세기의 철학자 파스칼에게 갈대는 유약함의 상징이었다.

"인간은 한 포기의 갈대에 지나지 않다. 자연 속에서 가장 약한 존재이다. 그러나 그것은 생각하는 갈대이다. 그것을 뭉개버리기 위해서 전 우주가 무장할 필요는 없다. 한차례 뿜어지는 증기, 한 방울의 물이면 충분하다."

이 문장에 이어서 파스칼은 "비록 우주가 한 포기의 갈대를 짓이겨버린다고 해도 인간이 더 고귀하다. 왜냐하면 인간은 자신이 언젠가 죽는다는 걸 알고 있기 때문이다. 우주는 그것조차 모른다"고 한 뒤 인간이 고귀한 것은 생각하는 존재라는 데 있다고 덧붙인다.

아마 파스칼에 있어서 사고와 표현은 떼려야 뗄 수 없는 관계였을 것이다. 왜냐하면 그는 글을 쓰면서 생각했기 때문이다.

따라서 '인간의 고귀함은 생각하는 데 있다'고 단정한 파스칼을 현대인은 오해할 수 있다. 자신이 평소 여러 생각들을 하고 있다는

인생이 잘 풀리는 철학적 사고술

식으로 말이다. 그런데 우리는 정말로 평소에 많은 생각들을 하고 있을까?

생각은 물리적 형태를 동반한다

우리는 자신이 여러 가지 일들에 대하여 생각하고 있다는 걸 자각하고 있다. 그렇다면 그 내용은 어떤 것들일까?

대부분이 어떤 자극을 받고 떠올린 상상이나 기억, 그 뒤로 이어지는 연상이나 감정, 꼬리에 꼬리를 물고 이어지는 이미지, 불안을 안은 예상, 주관적인 망상, 간단한 금전이나 시간 등의 계산, 대략적인 이해득실의 예측, 눈에 들어오는 것들에 대한 판단, 지금부터 만날 상대와 대화할 때 주의할 점, 어디선가 들려오는 소리의 의미 같은 것들이다.

어떤 주제에 대한 제대로 된 사고는 거의 없다. 왜냐하면 두뇌만으로 책 몇 페이지 분량의 맥락이 있는 생각을 이어가는 일은 꽤 어렵기 때문이다.

그런 생각이 필요한 경우, 예컨대 앞으로 열릴 회의준비를 하거나 누군가와 만나 타협점을 찾아야 할 때 우리는 메모나 자료를 참고하면서 생각하고, 제대로 된 견해를 문장으로 적어보기도 한다.

이런 자연스러운 경험으로도 알 수 있듯이 '생각하기 위해서는'

어느 정도 물리적 행동이 필요하다. 이미 머릿속에 정리된 생각이 있고, 그것을 언어라는 도구를 사용하여 손쉽게 끄집어낼 수 있는 것이 아니기 때문이다.

따라서 생각을 현실화할 때는 반드시 어떤 물리적 형태를 동반하지 않으면 안 된다. 우리의 머릿속에 있는 건 아직 생각이라는 윤곽이나 일정한 형태가 없는 카오스 덩어리에 지나지 않기 때문이다. 그것은 말로써 기록될 때 비로소 윤곽을 갖추고 의미를 가진다.

글쓰기를 업으로 하는 사람들은 늘 이런 사실을 실감한다. 그들은 평소에도 생각을 하지만, 일을 하면서 언어로 기록할 수 없는 상황이라면 머릿속으로 문장을 쓰며 생각한다.

그런 다음 서재에 와서 그 문장을 기록하고 이번에야말로 진정한 사고라는 것을 한다. 결코 산책하는 동안에 생각하고 기억했던 문장을 그대로 글로 적는 게 아니다.

이런 사고와 기술 과정은 일반인들과 전혀 무관한 것처럼 보일지 모르지만, 실제로 평소 우리의 생각이라는 것이 현실에서 전혀 실효성이 없다는 걸 알려주고 있다.

자신이 무엇을 생각하는지는 표현하지 않는 한 모른다

"현실의 생각에 물리적인 언어를 결코 빠뜨릴 수 없다"고 지적한

인생이 잘 풀리는 철학적 사고술

철학자는 20세기 중반에 활약한 프랑스 철학자 메를로-퐁티^{Maurice} Merleau-Ponty이다. 그는 "언어로 이야기할 때 그 사람의 생각이나 주장이 비로소 이 세상에 존재한다"고 말했다.

머릿속에서 아무리 이런저런 생각을 했어도 표현하지 않으면 그 것은 어디에도 존재하지 않는다는 것이다. 그는 생각이 언어 혹은 언어를 대신하는 것(즉, 태도나 표정, 침묵)으로 표현될 때 비로소 나와 상대가 그것을 볼 수 있다고 주장한다.

타인을 잘 관찰해보면 알 수 있다. 타인이 무엇을 생각하고 무엇을 느끼고 어떻게 하려고 하는지를. 우리는 그 사람이 말하거나 쓰는 말, 태도, 얼굴 표정, 행동을 통해서만이 그 사람의 생각을 알 수 있다.

이와 마찬가지로 우리는 말과 행동으로 표현하지 않는 한 자기 자신이 정말로 무엇을 생각하고 있는지를 알 수 없다. 결국 자신이 글로 쓰고 입 밖으로 내뱉은 말과 행동이 자신의 생각을 여실히 보여준다는 것을 알아야 한다.

로댕의 그 유명한 조각상 〈생각하는 사람〉은 지금까지 기술해온 것에 의하면 실은 아무것도 생각하고 있지 않다. 그것은 생각하고 있는 사람의 모습이 아니라 이렇게 할지 저렇게 할지 아직 결론 내지 못한 사람 혹은 계속 고민하는 사람의 모습일 뿐이다.

가치판단에서
자유로워진다

선은 어떤 매력을 가진 듯 보인다.

선승들이 금욕적인 태도로 진지하고 고요하게 좌선에 든 모습은
주위 풍경을 먹빛으로 바꾸어버리는 박력이 있다. 신비로운데다 고
요하지만 거기서 수많은 말들을 읽어낼 수 있다. 흡사 다른 세상에
있는 것 같은 느낌이다.

그런데 과거 선승들의 언행을 수록한 선어록을 읽어보면 실체
를 알 수 없는 정신은 전해져 오지만 그 말들을 이해하기란 결코 쉽
지 않다. 책 안에 '깨달음'이라는 말이 반복되는데, 그것이 어떤 것인
지도 명료하게 설명되지 않고, 설명과 비슷한 대화나 문장이 있지만

인생이 잘 풀리는 철학적 사고술

죄다 추상적 시같은 것이라 전혀 현실감이 없고 이해하기도 어렵다.

그래서 때로 이런 의문이 들기도 한다. 깨달음이란 것은 실제로는 환상이나 망상 같은 것에 불과한 것은 아닐까? 그리고 선문답은 가벼운 말장난이나 난센스에 불과한 것이 아닐까?

선문답은 의미를 파악하기 위한 게 아니다

현대 사회에서는 '선문답'이라는 대화 방식이 일종의 조롱으로 여겨지는 일이 많다.

"마치 선문답 같군요"라는 말은 '이해하기 어렵다'는 비난을 내포한 빈정거림이자 전혀 아귀가 맞지 않는 대화를 놀릴 때 쓴다.

그것은 선승들의 문답이 일반적으로 이해하기 어렵다는 데서 기인한다. 왜 보통 사람들은 그들의 말을 이해하지 못하는 것일까? 그것은 불가佛家에서만 통하는 특수한 표현이나 일반적으로 사용하지 않는 낯선 한자어, 독특한 논리나 인용이 많기 때문이다.

짤막한 선문답 두 개를 예를 들어 살펴보자.

《무문관》제7 조주세발趙州洗鉢
어느 날 어느 스님이 조주에게 말했다.
"저는 이 선방에 온 지 얼마 되지 않은 신참입니다. 좋은 가르침을 주십시오."

그러자 조주가 말했다.

"아침은 먹었느냐?"

스님이 답했다.

"네, 먹었습니다."

그러자 조주가 말했다.

"그러면 발우를 씻었을 테지."

그 순간, 승려는 깨쳤다.

《무문관》제18 동산삼근 洞山三斤

어느 스님이 동산 화상에게 물었다.

"어떤 것이 부처입니까?"

"부처란 여기에 있는 마 세 근이다."

여기서 인용한 선문답은 수행승을 깨달음으로 이끌기 위한 것인데, 그냥 읽어서는 솔직히 그 의미를 파악할 수 없다.

선문답은 의미를 파악하기 위한 게 아니라 깨달음의 경지를 간접적으로 보여주는 것이기 때문이다. 그렇다면 왜 단적으로 표현하지 않고 간접적으로 보여주기만 하는 걸까? 그것은 깨달음의 경지가 언어로는 적절히 설명할 수 없는 것이기 때문이다.

깨달음이란 맹목적으로 살아가는 것을 말한다

그럼에도 선승들은 지금껏 깨달음을 얻은 상태가 어떤 것인지를 언어로서 전하려고 했다. 예를 들어 다음의 말처럼 말이다.

"무無 라는 다른 체험만이 석가와 만나서는 석가를 죽이고(불속을 깨고), 달마와 만나서는 달마의 목을 베어 버리고(종조宗祖의 구속을 깨고), 그때 그대들은 삶과 죽음을 넘어 큰 자유를 얻어 육도六道나 사생四生 가운데서 즐거운 삶을 누리리라."《무문관》제1)

"깨닫고 보면 모든 것이 한 집안의 일이지만 깨닫지 못했을 때는 모든 게 뿔뿔이 흩어져 있다. 깨달음이 없으면 본디 모든 것이 한 집안의 일처럼 보이지만 깨닫고 보면 그 하나하나가 제각기 개성을 가진다."《무문관》제16)

"좋다고 말해도 이것은 좋기만 한 것은 아니고, 나쁘다고 말해도 이것은 나쁘기만 한 것도 아니다. 반드시 상대적 이해득실의 세계를 벗어나서 깨끗하고 산뜻한 곳에서 말하는 게 좋다. 눈 앞, 등 뒤에 있는 것은 대체 무엇인가?"《벽암록》제9)

깨달음을 묘사한 위 문장들에는 한 가지 공통점이 있다. 그것은 가치판단과 상대성에서 철저히 벗어나 있다는 점이다.

우리는 보통 때 어떻게 생각하고 행동하고 있을까? 대개는 이해득실의 계산, 이해관계나 관습, 사회적 규범, 선악의 구별, 한때의 감정에 휘둘려 움직인다. 그리고 그것이 분별 있는 어른들이 살아가는 방식이라고 여긴다.

그러나 깨달음의 길을 간다는 것은 무분별한 삶을 사는 것이다. 이때의 무분별이란 상식을 모른다는 게 아니다. 가치판단과 상대적 사고를 하지 않는다는 의미에서의 무분별이다.

상대의 지위나 이해관계에 따라 차별하지 않는다

선어록에서는 이런 삶을 살면 다른 세상에서 자유자재로 살아가는 즐거움을 맛볼 수 있다고 말한다.

그 다른 세상을 두고 선종에서는 여러 가지 이름으로 부르는데, 예컨대 무, 일여一如, 진여眞如, 묘법妙法, 안락의 법문, 본래의 면목, 비심비불非心非佛, 곽연무성廓然無聖, 평상심, 삼미경三昧境, 생사자존生死自在, 초범월성, 대자재, 진실의 세계 등등이 그것이다.

이들 용어는 한자어 표현이라 어려워 보일 뿐이지 실상 그 안의 의미를 따져보면 '초월과 무분별'뿐이다. 이것을 알면 선문답의 의미도 쉽게 이해할 수 있다.

사물도 가치도 차별하지 않는 무분별한 태도로 살아가기에 앞서 든 예에서는 '불仏이란 마麻이다'라고 답한다. 이때에 화상이 하던

인생이 잘 풀리는 철학적 사고술

작업에 사용했던 것은 '마 세 근'이었지만, 만일 작업의 재료가 '장작'이었다면 화상은 '불은 장작이다'라고 답했을 것이다.

이런 세상에서는 사물도 사람도 크게 다르지 않고, 상대의 지위나 존재에 의한 차이가 없기에 누구와 만나든 상대를 그저 한 명의 사람으로만 본다.

따라서 석가를 만나도 달마를 만나도 상대를 죽인다. '죽인다'거나 '목을 베어 버린다'는 말은 상대의 지위나 직위, 자신과의 관계따위를 고려하지 않고 공평하게 대한다는 뜻이다.

초월과 무분별의 태도로 살아가기에 당연히 '이해득실을 따지는 상대적 세계'를 벗어나게 된다.

즉, 좋고 싫다는 감정과 득실을 버리고 이쪽에 비교하여 저쪽이 어떻다는 식의 비교나 상대적 사고를 버린 삶을 살아가는 것이다.

지금을 충실하게 살아간다

특별한 것은 이 세상에 없다. 자신조차도 특별하지 않다. 부처도 신도 깨달음조차도 특별하고 진귀한 것으로 여기지 않는다.

그러나 무엇 하나 특별하지 않기에 그 모든 것을 하찮게 여기지 않는다. 오히려 온갖 것들이 자신이 되고, 온갖 것이 진귀하고 존귀한 존재가 된다.

따라서 '밥을 먹으면 설거지를 한다'는 일상의 일 하나하나가 더

할 나위 없이 중요해진다. 젊은 스님은 불현듯 그것을 깨달았기에 '그 순간 깨쳤다'고 말한 것이다.

그전까지 그는 화상이 깨달음을 얻는 길에 이르는 비법을 가르쳐주지 않을까 하고 크게 기대했다. 하지만 그런 것은 없으며 현재를 충실하게 사는 것이 무엇보다 중요하다는 것을 깨닫고 눈을 뜬 것이다.

현대인들도 이런 생각을 갖고 있다. 그들은 세상 어딘가에 어떤 특별한 것이 숨겨져 있는 건 아닐까 궁금해한다.

대다수 사람들은 성공이나 승리, 부를 획득하기 위한 방법이 어딘가에 반드시 있을 것이라고 믿는다. 그런 마음속에는 나 혼자서 많이 갖고 싶다, 나만 이득을 얻고 싶다는 강한 열망이 있다.

그것은 분별하는 삶으로, 여기서는 자신의 욕망과 이득이 중요하다. 또한 경쟁 속에서 타자를 배척하려는 잔혹하고 음침한 경향까지도 내포하고 있다.

부처는 불교의 가르침을 널리 전해 그런 경쟁이나 힘, 책략에 의해 얻은 소유물의 많고 적음으로 지위나 생활이 결정되는 불공평한 사회가 아닌 모두가 평등한 수평적 평화를 이루고자 했다.

그러나 실제는 그렇지 못했다. 수행자 중 깨달은 자는 적었다. 그들은 일하지 않고 서민들이 건네는 잔반으로 목숨을 연명해가며 집

단생활을 하던 무렵부터 약간의 술 정도는 마셔도 되지 않을까 하는 주제를 두고 논의하는 등 자신들의 사사로운 욕망에 매달렸다.

그러는 동안에 인식의 실천철학인 불교는 종래의 바라몬교와 비슷한 종교가 되어버리고 초월과 무분별 따위는 구석으로 밀어놓았다.

그리고 깨달음이나 선 같은 건 너무 신비롭고 이해하기 어렵다고 보는 동시에 이해되는 걸 은근히 거부함으로써 스스로가 특별해 보이길 바랐다. 그렇게 그들은 열광적이고 사이비적 세계에 갇히고 말았다.

실체 없는 '마음'에
휘둘리지 않는다

우리는 누구나 마음을 갖고 있다고 여긴다. 감정이나 생각이 마음에서 비롯된다고 생각하고, 그것을 당연시하며 타인과 대화를 나누고 살아간다.

이렇듯 자신이나 상대의 마음을 중요하게 보기 때문에 상대의 마음을 배려하는 것이 어떤 암묵적인 예의가 되었다.

마음에 무게를 두기 때문인지 육체는 물리적 죽음을 맞아도 마음만은 남는다고 믿는 사람도 적지 않다. 육체를 벗어난 마음이 영혼이나 혼령이라고 막연히 생각하기도 한다.

그러나 마음은 무엇인가? 우리는 이에 대하여 깊이 생각하지 않

인생이 잘 풀리는 철학적 사고술

는다. 마음에 대해서 생각하면 무슨 문제가 해결될까? 아니면, 아무 것도 해결되지 않은 채 평소처럼 자신이나 상대의 마음에 대하여 여러 고민들을 하게 될까?

마음은 실제로는 존재하지 않는다?

지금의 네팔 땅에서 태어난 고타마 싯다르타라는 청년이 고행을 떠나 깨달은 자, 부처로서 불교를 주창하기 약 800년 전에 인도로 이주해온 아리아인이 믿기 시작한 바라문교는 영혼의 존재를 믿었다. 사람이 죽으면 영혼은 육체를 화장한 재와 함께 몸을 벗어나 하늘로 올라간다고 생각했던 것이다.

바라문교의 이런 사고를 부정한 사람이 부처이다. 부처는 명상과 체험, 사색에 의해 영혼과 마음이 실체가 아니라는 걸 깨달았다.

어째서 마음이 실체가 아닌 것일까? 그 논리가 불교 경전인 《이입사행론二入四行論》에 기록되어 있다. 그 주요 주제를 현대어로 옮기면 대략 다음과 같다.

"마음은 맨 처음부터 존재하는 것은 아니다. 그것은 늘 대상물에 의해 생긴다. 대상물이 마음이라는 것을 불러일으킨다. 그러나 그 대상물이라는 것도 마음에 의해 대상물이 되는 것에 지나지 않다. 어느 쪽도 상대가 없으면 존재하지 않는다. 마음도 사물도 그 자체로는 존재할 수 없다."

이 사실을 체감했을 때 사람은 비로소 자유로워지고, 자신의 마음에 깃든 수많은 욕심과 충동에서 비로소 자유로워질 수 있다고 불교에서는 말하고 있다.

그 후 2500년이라는 시간이 흘러 현상학을 전문으로 한 철학자 후설도 비슷한 말을 한다.

"의식이란 늘 어떤 것인가에 대한 의식이다."

처음부터 의식이라는 게 있는 것이 아니라 대상을 향할 때만 의식이 존재한다는 것이다.

또한 기원전 4세기의 그리스 철학자 아리스토텔레스는《영혼에대하여》에서 "이성은 무엇인가를 생각하기 전에는 실존하지 않는다"라고 말한다.

그런데 마음과 의식과 이성은 다른 것이라고 생각할지 모르지만, 실제로 종교적인 의미에서 말하는 경우를 제외하고 우리는 마음, 의식, 영혼, 정신, 이성, 감정을 철저히 구별할 수 없다. 그뿐 아니라 때때로 같은 의미로 받아들인다.

마음에 대한 이런 사고방식에 끊임없이 귀 기울이고 있으면 마

인생이 잘 풀리는 철학적 사고술

치 암시에 걸린 듯 마음이라는 건 실제로 존재하지 않고 그저 대상에 대한 반응만이 있고, 그것을 편의적으로 마음이라고 부르는 것이 아닐까 하는 생각이 든다.

분명 우리의 마음은 주로 눈앞에 놓인 절박함에만 민감하게 반응한다. 예컨대 아무리 혹독한 실연을 겪었다 해도 스키를 타고 급경사를 활강할 때 혹은 은행에서 통장 잔고를 확인할 때는 헤어진 연인의 그림자로 마음이 옥죄이지는 않는다.

고통이나 고민에서 벗어나는 효과적인 방법

불교적 사고방식으로 보면, 마음이란 애당초 존재하지 않는 것이다.

그러나 이런 사상과 논리는 어떤 목적을 위해 존재한다. 그것은 예컨대 흔들리는 마음에 휘둘려 행동하거나 고통 받지 않는다는 것이다.

불교에서는 마음의 무를 비롯하여 모든 것이 서로 의존하여 존재하는 것이기에 본래 모든 것이 공이라는 의식을 깨달음이라고 말한다.

이 깨달음은 오로지 마음이 흐트러지고 강한 욕망에 고민하거나 인생의 고통을 겪는 사람들의 아픔을 없애는 데 초점을 맞추고 있다.

따라서 '사람의 마음이란 무엇인가' 하는 순수한 문제에 적확히 대답하는 것이 아니다. 대신 사고방식을 바꿔 인식을 완전히 변화시킴으로써 마음이 낳는 괴로움에서 벗어나는 방법을 가르쳐주고 있다.

그러나 적어도 효용성이 있기 때문에 '마음이란 무엇인가'라는 물음의 언저리를 끊임없이 맴돌고 있는 추상적인 고찰보다 실용적이라 할 수 있다.

현대사회에 사는 우리도 이것을 손쉽게 응용할 수 있다. 예컨대 《좌선의坐禪儀》에 기록되어 있는 방법 중 하나를 사용하면 쉽게 자기 제어를 할 수 있다.

그 방법이란 지금 자신이 무엇을 원하는가, 무엇을 하고 싶은가, 무엇에 화가 났는가…… 하는 것을 스스로 명확히 파악하는 것이다.

해서는 안 되는 행위를 하고 싶을 때, 혹은 자기 중심의 욕망을 채우려는 충동이 생겨났을 때, 그런 자신의 모습을 또 다른 내가 어깨너머로 바라보고 지금 나는 '진정 무엇을 하고 싶은지'를 파악하는 것이다.

욕망이나 충동을 느끼는 자신과 완전히 분리된, 냉철한 인식을 가진 또 다른 나를 어깨 위에 둔다. 그럼으로써 욕망이나 충동의 강도가 상당히 감소되고 끝내는 사라진다.

인생이 잘 풀리는 철학적 사고술

우리는 타인을 보고 '왜 저런 시시한 일을 하는 거지? 대체 뭐가 재미있는 걸까?'라며 슬며시 비판하기도 하는데, 그것을 자신에게 대입하면 된다.

이 방법은 자신의 행동과 사고를 꽤 이성적으로 만들어준다. 그리고 자신의 인격과 인생을 더 나은 방향으로 바꾸는 데 강력한 효과가 있다.

말에
속지 않는다

보통 자신의 마음이라고 하지만, '마음'이라 불리는 것은 사실 그때의 감정이나 기분, 느낌이나 감성이 아닐까.

내가 아닌 다른 사람은 그것을 확실히 물리적으로 느끼고 있을까.

분명 신체는 물리적으로 느낄 수 있다. 자신의 손으로 자신의 몸을 만질 수도 있다. 그러나 마음은 만질 수 없다. 따라서 우리는 마음의 윤곽조차 알지 못한다.

아니면 마음은 실존하는 것의 명칭이 아니라 하나의 관념 혹은 일종의 비유인 걸까. 아니다, 우리는 마음에 대해 이야기할 때 비유처럼 말하지는 않는다. 흡사 각자 고유한 마음을 가지고 있기라도

인생이 잘 풀리는 철학적 사고술

한 듯 말한다.

그만큼 마음에 대하여 제대로 알지 못하면서 사람은 '마음과 몸'이라며 그것을 한 세트처럼 말한다. 혹은 '정신과 육체'라는 식으로.

이런 식으로 설명하면 마음과 몸은 완전히 별개의 것처럼 느껴진다. 그러나 우리는 마음의 상태는 명백히 몸의 상태에 좌우된다는 걸 이미 경험으로 알고 있다. 예를 들어 트라우마(심적 외상)는 육체에도 나쁜 영향을 끼친다.

그렇다면 마음과 몸이 별개라는 말은 믿기 어렵지 않을까.

사람은 말에 속는다

인간은 생각하거나 말하거나 글을 쓰는데, 그때 주로 사용하는 것이 언어이다.

언어를 사용하기에 우리는 이것에 속는다. 사기꾼처럼 말로 속이는 게 아니라 언어의 특성 때문에 그렇다.

우리를 속이는 언어의 특성이란 '분절화' 작용이다.

그것은 본디 명료하게 나누어져 있지 않은 것을 마치 분절된 것처럼 서술하는 것이다.

이런 사례는 일일이 열거할 수 없을 만큼 많다. 예컨대, 육지와 물, 초록과 파랑과 자주, 삶과 죽음, 저녁과 밤, 아이와 어른, 젊음과 늙음…….

생과 사의 경계가 애매하다는 말이 좀처럼 이해되지 않을지도 모른다. 왜냐하면 일반적으로 살아 있는 것과 죽은 것은 전혀 다른 모습이라고 생각하기 때문이다. 따라서 의사는 손목시계를 보며 사망 시각을 고하기도 한다.

그러나 의사는 죽음이 무엇인지를 알기에 사망선고를 하는 것이 아니다. 뇌파, 심장, 호흡이 정지된 것을 확인했을 때가 죽음이라고 법률로 정해져 있기 때문에 그것에 따르고 있을 뿐이다.

그런 법률을 정하는 것은 국회의원이다. 그들 중에는 교활한 방법으로 뇌물을 챙기고 사리사욕을 채우는 사람도 있다. 그런 사람들이 정해놓은 법률이 죽음을 결정한다. 따라서 그것은 사무적 처리를 위한 편의상의 선긋기이고 생물로서의 죽음을 의미한다고는 말할 수 없다.

뇌파, 심장, 호흡이 멈춰 죽었다고 선고를 받은 사람이라도 예컨대 머리카락은 새로 돋는다. 생물로서는 죽은 게 아니기 때문이다. 따라서 실제 죽음이 어느 시점에 찾아오는지는 어느 누구도 정할 수 없다.

언어가 선입견을 만든다

이런 식으로 자신과 밀접한 생사에 대해서조차 그 경계는 애매하다. 그러나 우리는 언어의 분절화 작용에 의해 생과 사가 확연히 다르다고 믿는다.

　이처럼, 몸과 마음은 다르다는 것이 일반적인 생각이다.

　몸과 마음이 별개의 것이고, 몸속에 마음이 담겨 있다고 생각하기에 죽을 때 몸에서 마음이 분리되어 영혼으로서 빠져나간다는 생각을 스스럼없이 하게 된다. 물론 실제로 그러한지는 확인되지 않았다.

　'마음이란 무엇인가' '마음은 어디에 있는가'…… 오래 전부터 이어져온 이런 물음에 대한 결정적인 답은 나오지 않았다. 더불어 뇌과학자 빌라야누르 라마찬드란Vilayanur S.Ramachandran 박사는 '마음이라는 것은 인간의 뇌가 일하고 있을 때의 전기 신호 전체'라고 생각했다.

　이처럼 몸과 마음과 문제를 비롯한 많은 것들에 대한 선긋기조차 우리는 아무것도 모른다. 하지만 언어의 분절화 작용에 의해 많은 착오를 하기 쉽다는 것도 알고 있다.

　우리가 오래 전부터 사용하고 있는 말들이 현실을 정확히 표현하지 못한다는 것을 의식하고 새로운 표현을 찾아야 한다.

말로는 설명할 수 없는
세계가 있다는 것을 안다

이 세상은 살벌하다. 세상에서 활개를 치는 것은 물량공세와 돈뿐인 것 같다. 대다수 사람들은 돈과 물건을 갖기 위해 아득바득 일하고 있다.

어느 누구도 나무들 사이를 지나가는 바람을 보지 않는다. 별의 반짝임에 마음을 빼앗기지도 않는다. 대신 고개를 숙이고 지폐를 세거나 스마트폰을 만지작거린다.

그들은 신의 존재에 대하여 생각하지 않을 뿐만 아니라 자신들의 눈에 보이지 않는 것은 모두 허구라 생각하고 손아귀에 있는 게 현실의 전부라고 믿는다.

그렇다면 진짜로 이 세상은 그저 물건으로 가득 차 있을 뿐일까? 눈에 보이지 않는 것에 가치는 없는 걸까? 아니면, 눈에 보이지 않는 것은 정말로 인간의 상상이 만들어낸 허구에 지나지 않는 걸까?

모든 것을 언어로 설명할 수는 없다

철학자 비트겐슈타인은 결정적으로 이 유명한 문장을 남겼다. 그의 저서 《논리철학논고》의 마지막에 나오는 말이다.

"Wovon man nicht sprechen kann, darüber muβ man schweigen."

이 시원시원하고 분명한 독일어 문장은 대개 다음과 같이 번역된다.

"말할 수 없는 것에 대해서는 침묵한다."

"말할 수 없는 것에 대해서는 침묵하지 않으면 안 된다."

여기서 말하는 '말할 수 없다'라는 것은 말로 표현할 수 없다, 정확히 표현도 설명도 할 수 없다는 의미이다.

그렇다면 어떤 것이 그럴까? 사실 숱하게 많다. 예컨대 신, 사랑, 숭고한 것, 아름다움, 선악, 정의, 또 미묘한 감칠맛 같은 것도 여기에 포함된다. 이것들은 모두 인간의 언어가 가지는 한계를 초월하고 있다.

따라서 언어로 완벽하게 설명할 수 없고, 정의할 수 없다. 예컨대 클래식 음악의 짧은 한 소절도 언어로 설명할 수 없는 것처럼.

그러나 철학은 그것들을 언어로 완벽하게 설명하려고 했다.

자신의 마음도 신비 그 자체

왜 언어로 설명할 수 없는 것일까? 그것은 언어 표현에는 한계가 있기 때문이다. 이 세상을 다 설명하기에 언어의 표현 영역은 매우 좁다. 언어는 고작 사실적인 것 정도만 표현할 수 있을 따름이다.

그렇다고 해서 초월적인 것, 신비로운 것이 이 세계에 존재하지 않는 게 아니다.

비트겐슈타인은《논리철학논거》에서 이렇게 말한다.

"말로 표현할 수 없는 것은 존재한다. 스스로 나타나는 그것은 신비이다."

여기서 말하는 '신비'는 종교적인 것에 국한되지 않는다. 시공간도 신비하고, 각 언어의 문법도 신비하고, 생명은 물론 자신의 마음도 신비 그 자체이다.

그리고 우리의 생활은 언어로 설명할 수 있는 사실만으로 채색되어 있지 않다. 오히려 언어로는 절반도 설명할 수 없는 것, 느끼는 수밖에 없는 것들로 그득하다.

그러하기에 우리는 고민해야 하거나 즉물적卽物的이지 않은 것

인생이 잘 풀리는 철학적 사고술

에서 기쁨을 느낀다. 아직 일어나지 않은 일에 두근거리며 설레어하고, 이미 없는 것을 후회하고, 몸에 두른 걸 패션으로서 인식하고, 소리의 무게나 연속을 음악으로 인식하고 듣는다.

그렇다면 철학은 이미 지성만이 떠안은 게 아닐 것이다. 지성보다는 보다 풍부한 감성이 새로이 철학을 짊어질 필요가 있다.

사실만을, 즉물적인 것만을 생각한다면 과학이 있기 때문이다. 철학은 그런 게 아니라 정말로 인간적인 것, 결국 언어를 초월한 것에 대하여 생각하는 것이다. 결국 지성 아닌 감성과 통찰을 근본에 둔 학문 같은 것이다.

타인을
이해하기 위해
노력한다

일상생활에서든 업무상의 관계에서든 인간관계는 참으로 어렵다. 서로를 잘 이해한다고 생각해도 사실 중요한 부분에서 서로 어긋나 버린다.

사람마다 가치관이 다르다는 걸 잘 알고는 있어도 자신과 사고 방식이 비슷하다고 여겼던 사람이 갑자기 멀게 느껴지는 일도 흔하다. 또 뜻이 통했다고 생각했는데 각자 전혀 다른 의미로 받아들였던 것을 알고 나중에 황당해하는 경우도 있다.

왜 그런 것일까? 소통이라는 건 원래 이렇게 어렵기만 한 것일까? 아니면, 어느 한쪽에 무슨 문제라도 있는 걸까? 혹은 타인이라

인생이 잘 풀리는 철학적 사고술

는 것은 영원히 알 수 없는 존재인 것일까?

사물을 바라보는 '원근법'이라는 시점

사람은 무엇에 관심을 가지고 무엇을 중요하다고 생각할까?

일반적으로 사람들은 물리적, 정신적, 혹은 이해득실에 있어서도 자신과 가까운 것에 먼저 강하게 관심을 가진다. 반면 자신과 관련이 적은 것에 대해서는 관심이 옅어지고 그다지 중요하지 않다고 생각한다.

이것은 이상한 게 아니라 누구나 다 그럴 수밖에 없는 지극히 평범한 사실이다. 그렇게 하지 않으면 지금 자신이 놓인 상황과 자신에게 필요한 것을 소홀히 여기게 되고, 나아가서는 생존 자체가 위태로워지기 때문이다.

이런 시점과 사고방식을 두고 니체는 '원근법'이라는 명칭을 붙였다. 더불어 사람의 원근법적 사고방식과 시점에 대해서는, 니체의 사상에 큰 영향을 주었던 쇼펜하우어와 20세기의 프랑스 철학자 메를로-퐁티도 언급하고 있다

일본 속담에 '강 건너 불'이라는 말이 있는데 이것은 원근법적 사고의 한 가지 특징이라고 할 수 있다. 설혹 재해가 닥쳐도 자신에게 아무런 해도 끼치지 않는다면 안심할 수 있다.

우리는 먼 외국에서 일어난 전쟁이나 기근에 가슴 아파하고 자신의 일처럼 괴로워하지는 않는다. 그러나 실수로 손가락을 조금 베이기라도 하면 그것만으로도 호들갑을 떤다.

이렇게 사물을 보고 생각하고 판단하고 있기에 우리는 늘 원근법적 사고방식으로 느끼고 이해하고 욕망한다. 그리고 거기서 이 세상이 어떠한가 하는 시점, 결국 세계관이 생긴다.

물론 모두의 눈에 완전히 동일하게 비쳐지는 보편적 세계라는 것이 어딘가에 존재하여 우리가 '세계'라는 말을 사용할 때는 늘 그것을 가리키는 건 아니다. 우리가 '세계'라고 말할 때는 자신이 상상하는 세계만을 가리킨다.

예컨대 수십 년 동안 함께 살을 맞대고 살아온 부부조차도 남편과 아내가 바라보는 세계는 대개 다르다. 왜냐하면 누구나 자신의 원근법에 의해 만들어진 사상의 종합을 세계라고 믿기 때문이다.

그 세계란 개개인이 각자 지금껏 쌓아온 지식과 체험, 감성에 의해 만들어진 것이다. 결국 허구이다.

그러나 본인에게 그 허구는 사실적이고 실존하는 세계이다. 계속 그 세계 속에 있으며 그것에 맞는 세계관을 갖고 살아가기 때문이다.

인생이 잘 풀리는 철학적 사고술

'자신'이라는 것도 선입견

그 세계가 허구라는 걸 본인은 꿈에도 생각지 못하지만, 그보다 더 모르는 게 있다. 자신이 생각하는 '나'라는 존재 역시도 허구라는 점이다. 그것은 허구의 세계에 대하여 반응하는 자기라는 '사람'에 불과하다.

그리고 허구의 세계 안에서 우리는 '자신이 하는 생각이나 행동은 절대적으로 선하다고 말할 수 없을지는 몰라도 대개는 옳고 타당하다'고 생각한다.

애매하지만 '자신'과 내가 생각하는 '나' 또한 허구 속에서 만들어진 허구라고 할 수 있다. 물론 그것은 타인이 보는 나와는 전혀 다른 '사람'이다.

이렇게 우리는 하나의 화제에 대하여 똑같은 언어로 대화하고 동의하면서도 실상은 각자 전혀 다른 세계를 바라보고 있다.

의견이나 생각이 서로 다른 경우에 '저 사람은 가치관이 다르다'고 말하지만 실은 그 밑바닥에 있는 세계관이 다른 것이다. 그 때문에 타인과의 의사소통이 어렵거나 어떤 방법으로도 메워지지 않는 오해가 생겨나기도 한다.

그렇다면 우리는 진정한 의사소통이란 불가능하며 서로를 이해할 수 없다는 걸 한탄하고만 있어야 하는 것일까?

아니, 한탄한다고 달라질 것은 없다.

우리는 끊임없이 상대와 소통을 해야 한다. 어디에 오해가 생겼고 어디서 어긋났는지, 사고방식의 어느 부분이 다른지, 그리고 문제에 대하여 어떻게 대처해야 하는지, 조금 더 대화하고 포기하지 말고 상대를 이해시키기 위하여 노력해야 한다.

그런 끈질긴 태도는 아마 '사랑'이라 불러도 좋을 것이다. 어긋남이나 오해를 극복하는, 사랑과도 같은 이런 인내가 없다면 폭력이 숨어들 가능성이 높아진다. 무시, 강제적 종속, 배척, 차별, 불인정, 공격, 모욕이라는 폭력이다.

말 저편에 있는
생각을 헤아린다

고독이란 혼자 있는 것이 아니다. 고독이란 어느 누구로부터도 이해 받지 못하는 상태이다.

상대를 이해하고 자신도 이해받는다. 이 과정을 통해 우리는 세계를 이해할 수 있는 데까지 나아간다.

사람은 사회적 동물이기 때문에 의사소통이 필요한 것이 아니라 의사소통을 할 수 있기에 비로소 살아갈 수 있는 것이다.

그렇다면 우리는 진정으로 상대를 이해하고 있을까? 혹은 진실로 자기 자신을 이해하고 있을까? 예컨대 그 첫걸음으로서 상대가 한 말들은 어떤가?

이성이란 상대의 마음을 미루어 짐작하는 것

독일에서는 '이성적'이라는 말을 일상대화에서 자주 사용한다.

반면 일본에서는 이 말을 자주 사용하지 않는다. 불과 100년 전쯤에 만들어진 이성이라는 말이 아직도 서먹하고 냉랭한 느낌을 주는 탓인지도 모른다.

덧붙여 '조금 이성적으로!'라는 말이 나오면 왠지 나무란다는 식으로 받아들인다. '이성적으로'라는 말이 일상대화에 사용하기엔 낯설고 현실에서 벗어난 초연한 분위기를 갖고 있기 때문이다.

이성을 의미하는 독일어는 die Venunft이다. 이것은 venehmen라는 동사에서 왔다. venehmen는 '알아듣다' '분별하다'라는 의미이다.

이 동사는 단순히 귀로 음성을 듣는 행위만을 의미하지 않는다. venehmen는 귀를 통해 들은 말의 숨은 뜻을 이해한다는 의미이다. 결국 이해력을 갖고서 듣는 걸 말한다.

예컨대 어떤 사람이 방에 들오면서 "좀 덥네요"라고 말했다고 하자. 그저 상대의 말을 듣기만 하는 사람이라면 "네, 그렇네요"라고 대답하고 말 것이다.

그러나 다른 방식으로 대답할 수도 있다. "더우면 에어컨을 켤까

요?"라고 말하거나 창을 열어 시원한 바람이 들어오게 하는 것이다.

상대가 한 말의 숨은 뜻이나 직접적으로 말하지 않은 상대의 마음까지 헤아리고 있기에 그렇게 행동할 수 있는 것이다. 이것이 바로 venehmen의 방식으로 상대의 이야기를 듣는 것이다.

즉, 이성적으로 듣는다는 건 상대의 말 저편에 있는 것을 미루어 짐작하는 태도, 상대를 위로하려는 태도, 즉 친절함을 가지고 상대를 대하는 것이라 할 수 있다.

더불어 '(그곳의) 분위기를 읽는' 것도 일종의 헤아려 듣는 방식이라고 할 수 있다.

감정의 응어리 없이 상대와 대화한다

책을 읽을 때도 마찬가지이다. 독서도 본질적으로는 상대의 이야기를 듣는 것이기 때문이다.

따라서 그 책에 어떤 것이 그려져 있는지, 어떤 사상이 표현되어 있는지, 이성적으로 읽지 않으면 그 내용을 헤아릴 수 없다. 책에 쓰인 말을 그저 읽기만 한다면, 예컨대 가와바타 야스나리의 소설은 치정을, 코맥 매카시의 소설은 폭력을, 세르반테스의 소설은 광기를 써내려간 것이라고밖에 생각할 수 없다.

유명한 고전작품의 줄거리를 요약하여 소개하는 책들이 있다.

하지만 그것을 읽었다고 해서 고전을 읽었다고 말할 수는 없다. 달걀 껍데기를 핥고 그 맛을 알았다고 착각하는 것처럼 그 내용을 충분히 이해하지 못했기 때문이다. 줄거리만으로는 그 깊은 내용을 읽어낼 수 없다. 해설서가 아니라 내가 직접 책을 읽을 때만이 거기에 담긴 그 의미를 파악하고 이해할 수 있는 것이다.

과거에는 서로 멀리 떨어져 있는 경우라도 컴퓨터 통신을 이용해 원거리 회의가 가능할 거라고 예상했다. 그러나 실제로는 그렇지 않았다. 왜냐하면 서로 얼굴을 마주할 때만이 의미 있는 회의가 가능했기 때문이다. 컴퓨터 통신을 통해서는 상대의 본심이든가 진의를 파악할 수 없었던 것이다.

상대의 진의를 짐작할 수 없는 사람이라도 그에 대한 대응절차는 매뉴얼로 정해져 있다.

그러나 아무리 정밀한 매뉴얼이라도 통용되는 범위는 지극히 좁다. 인간은 얼굴을 마주하고 있는 상대가 매뉴얼적 대응밖에 하지 않는지, 진심으로 대응하고 있는지를 알아차릴 수 있는 감정을 가지고 있기 때문이다.

그렇다면 우리는 어떻게 말이나 표현 너머에 있는 것, 진의나 생각을 파악하거나 짐작할 수 있을까.

상대와 대화할 때는 얼굴을 마주하고 감정의 응어리 없이 대화

인생이 잘 풀리는 철학적 사고술

하고, 책을 읽을 때는 어떤 의도를 갖지 않고 그저 문장을 읽어나가면 된다. 이렇게 스스로 해보는 것 외에 다른 방법은 없다.

거기에 더해 적극적인 태도로 살아가야 한다. 자신을 드러내고 정면으로 맞선다. 그때 비로소 이성이 움직이고 깊이 이해할 수 있다. 그리고 상대도 이전보다 더 깊이 나를 이해할 수 있을 것이다.

왜냐하면 '진의를 읽어라' '이성을 작동시켜라'라는 매뉴얼적 대처 방법은 어떤 식으로든 상대를 세심하게 배려하는 감수성에 뒤쳐질 수밖에 없기 때문이다.

자신 안의
'야생'을 의식한다

과거에는 수렵과 호위, 때로는 비상식량의 용도로 키우던 개를 지금은 반려동물로 키운다. 물론 개를 비롯한 반려동물은 인간을 치유해 준다.

그런데 이때의 치유라는 것은 무엇일까? 음악이나 예술작품, 기호품이나 고성능 마사지기가 주는 치유와는 다른 것일까? 그것은 돈으로는 살 수 없는 것일까? 왜 사람이 아닌 개와 같은 반려동물이 치유의 힘을 가지는 것일까?

개는 '현재'를 있는 그대로 살아간다

19세기 중반의 철학자 쇼펜하우어는 개가 바로 '현재'을 살기 때문에 거기서 사람은 생물로서의 자연적인 행복을 느낀다고 생각했다.

개는 늘 '현재'를 있는 그대로 받아들이고 반응한다. 기쁨을 느끼면 곧 온몸으로 그것을 표현하고, 두려움을 느끼면 겁내며 도망친다. 눈앞의 상황에 거스르는 일은 없다.

개는 삶에 대하여 고민하지 않고 현재를 있는 그대로 받아들이며 살아간다. 물론 죽음에 대하여 생각하지도 않는다. 또 무엇을 걱정하거나 상상하지도 않는다. 따라서 의심 같은 건 애당초 없다. 그저 현재를 흔쾌히 맞이하고 순간순간을 살아간다.

쇼펜하우어는《자살에 대하여》에서 이렇게 설명했다.

"동물은 우리보다 훨씬 현실 세계에 사는 데 만족하고 있다."

"동물은 우리 인간에 비하여 어떤 의미에서 정말로 현명하다고 말할 수 있다. 즉, 평안하고 밝은 현실을 향수한다. 동물은 육체를 얻은 현실이다."

"우리가 애완동물에게 느끼는 기쁨은 그야말로 현실에 완전히 몰입하는 그들의 특유한 특징에 의한 부분이 크다. 애완동물들은 의인화된 현실이고, 우리에게 근심 없고 밝은 시간의 가치를 느끼게 해준다."

"……동물의 성질, 즉 이 세상에 존재하는 것에 우리보다 만족한다는 것."

인간의 보살핌을 받으면서도 이런 야생이나 본능을 드러내고 살아가는 모습을 보여주기에 개를 비롯한 반려동물은 사람을 치유한다.

현대인들은 살아가는 동안 잊고 있는 것을 그들을 통해 떠올린다. 그것은 야생이고, 생명의 순수한 활동이다.

물론 인간에게도 야생성은 있지만 사회성과 문화에 두껍게 쌓여 있다. 예컨대 야생성이 직접적으로 드러나는 성적 요소를 감춰야 한다는 식의 사회적 순화와 무언의 제약 같은 것이 있다.

그러나 인간도 생물이기 때문에 내면에 있는 순수한 자연이라 할 수 있는 야생성만이 지금의 삶과 신체를 지탱해준다. 아무리 지성이 있어도, 아무리 과학이나 컴퓨터가 발달했어도, 결국 인공적인 것은 인간에게 계속 살아갈 힘이나 현실에 대한 완전한 만족을 안겨주지 못한다.

인공적 환경에 둘러싸인 도시인들이 자연을 갈망하는 것처럼, 우리의 몸과 마음은 야생성을 원한다. 그것을 가져다주는 것이 바로 개와 같은 반려동물이다.

따라서 개나 고양이가 귀여운 건 단지 어린아이와 닮았기 때문이라고 말하는 사람들조차도 야생성, 즉 마음과 신체의 반응이 분리되지 않는 걸 원한다. 어린아이는 순수하고 주어진 상황을 달갑게 받아들이는 것이 아직 동물에 가깝다.

인생이 잘 풀리는 철학적 사고술

인간에게도 야생성이 있다

그런데 어떤 사람들은 숨겨진 야생성을 이른바 불륜이나 파괴적 관계를 쫓는 것으로 표출하기도 한다. 또는 난폭한 폭력이나 가정 내 폭력이라는 형태로 폭발시키기도 한다.

그것은 사회적으로는 위법이다. 그러나 그 법이나 윤리 자체가, 사회나 문화가 만들어낸 인공적 환경의 구속일 수밖에 없다. 인간은 야생성의 표출을 통해 그 구속에서 벗어나 본능이 본래 갖고 있던 자유를 획득하려 한다.

따라서 아무리 법을 강화하거나 윤리교육을 철저히 해도 현대사회의 인공적 환경에서 탈출하기 위한 원망은 오히려 격렬해진다.

만일 그런 야생성의 자연적인 발산을 철저히 억압한다면 실내에서만 키우는 개나 고양이가 몸과 마음에 병이 들듯이 인간도 깊은 병을 앓게 된다.

결국 반려동물이 가진 야생성을 완전히 없앨 수 없듯이 사회라는 틀 안에서 인간의 본능을 길들이는 일은 불가능하다. 인간은 지성을 가지고 있지만 본질적으로는 동물이기 때문이다.

그런 의미에서 구약성서의 〈코헤레트〉 제3장 18절 이하에 있는 다음의 말은 직설적이지만 깊은 시사점과 울림을 준다.

"자신이 짐승이라는 것을 인간에게 일깨워줘라. 사람의 생사와 짐승의 생사가 다르지 않다. 사람도 죽고, 짐승도 죽는다. 양쪽 다 숨을 쉰다. 사람이 짐승보다 훌륭하다고 교만을 떨기는 분명 어렵다."

사람은 늘 이성적이지도 늘 지적이지도 않다. 하물며 때때로 동물적이기도 하다.

그것을 잊지 않고 우리가 가슴 속에 숨겨둔 야생성에 대한 굶주림을 고려해본다면, 젊은 사람들이 왜 거친 걸 좋아하는지, 왜 폭력성이나 성범죄를 교정하기 어려운지, 도시가 거대해질수록 왜 펫숍이 많아지는지 등등 수많은 사회현상에 대해 새롭게 이해할 수 있을 것이다.

3장

니체가 알려주는
강인한 삶

현실을 모두
받아들인다

이 세상을 살아간다는 것은 자신이 가치를 매기고 의미를 부여한 세계에서 산다는 뜻이다. 그것은 결국 자기답게 살아가는 것이다. 자신이 어떻게 느끼고 생각하는지가 바로 지금의 세계에 사실성을 부여하기 때문이다.

그렇다고는 해도 세계가 쾌적하고 아름답기만 한 것은 아니다. 오히려 바닥을 알 수 없는 불안, 추악함, 잔인함, 불결함, 악함, 어리석음, 교활함, 태만 같은 것들로 가득하다. 그래서 그것들을 의식적으로 외면하고 살아가는지도 모른다.

본래의 모습 같은 건 존재하지 않는다

세상에서 아름다운 것만을 선택하고 그 속에서 살아간다. 마음 먹기에 따라서는 얼마든지 가능할 것처럼 생각될지도 모른다. 그러나 실제로는 불가능하다. 왜냐하면 세상 모든 것들은 서로 밀접하게 연결되어 있기 때문이다.

니체는 《권력으로의 의지》에서 다음과 같이 말했다.

"이 세계에서 일어나는 모든 일들의 진행에는 고립된 요소 따위는 단 하나도 없다. 아무리 작은 것이라도 전체를 짊어지고 있다. 그 최소한의 요소 없이 전체는 성립하지 않는다. 아무도 보지 않는 장소에서 약간의 부정을 행했다고 해도 미래를 만드는 모든 구성에 관계한다. 아주 사소한 것에 던진 비난조차 전체를 단죄하게 된다."

그런데도 사람들은 '이것은 공정하지 않다' '이것은 너무나도 불완전하다'라고 말한다. 마치 공정하고 완벽한 것이 본래의 모습인양 말이다. 그런 사람들은 공정하거나 완전한 것이 꿈에 불과하고, 자신의 덧없는 바람임을 잊고 있다.

그것은 마치 있을 수 없는 일이 이루어져야만 한다고 말하는 것과 같다. 현실에서 완벽한 삼각형이 그려져야 한다는 주장처럼.

현실은 지금 이곳에 이렇듯 존재한다. 현실은 이상이나 꿈, 원망과는 무관하게 물리적으로 분명히 이곳에 존재한다. 그리고 지금 이곳에 있는 현실은 어느 어리석은 자가 훼방을 놓아 엉망으로 만든 게 아니다. 다름 아닌 자신이 참가하여 만든 것이다.

이미 일어난 일에 대하여 장황하게 이랬어야 한다, 이런 식이었어야 한다고 주장하는 건 자신이 상상으로 그려낸 소원이나 개념이 반드시 실현되어야 한다고 말하는 것과 같다.

원인과 결과는 논리가 아니라 스토리에 지나지 않다

그때 그렇게 했으면 좋았을 텐데 혹은 이렇게 했으면 결과는 달랐을 거라는 식으로 이미 일어난 일을 두고서 원인과 결과를 찾거나 후회하거나 책임을 추궁하는 것도 자기의 바람이 빚어낸 가공의 현실을 마치 실존하는 현실인 양 착각하는 데서 온다.

게다가 그렇게 했다고 해서 다른 결과가 나왔을 거란 보장도 없다. 달리 행동했어도 같은 결과가 나왔을지도 모른다.

원인과 결과라는 사고방식은 얼핏 논리적으로 보이지만, 실은 사물을 자기 멋대로 보고 스토리를 만드는 것에 지나지 않다.

그렇기 때문에 어떤 상황을 크게 바꾼 요소를 골라내는 것은 불가능한 일이다. 우리가 생각할 수 있는 모든 요소가 서로 밀접하게 연관되어 있기 때문이다. 그것들은 정밀한 톱니바퀴와 같아서 하나

인생이 잘 풀리는 철학적 사고술

가 빠지면 전체가 성립되지 않는다.

예술로서의 철학을 지향한 니체는 이런 생각을 단 한 문장으로 표현했다.

"마땅히 그래야 하는 인간, 이것은 마땅히 그래야 하는 나무처럼 우리의 귀에는 꺼림칙하게 들린다."

마땅히 그래야 하는 나무라니, 이처럼 허황되고 우스운 바람도 없다. 마땅히 그래야 하는 개, 마땅히 그래야 하는 구름…….

현실은 이래서는 안 된다며 한탄하거나 울부짖는 건 그만큼 그곳에 어울리지 않는 허황되며 우스운 것으로 지금 이 생을 부정하는 것이다.

그러니 현실을 보고 체념하라고 말하는 건 아니다. 그 현실을 만드는 데 자신이 깊이 관여할 것을 각오하고, 나아가 모든 것을 인정하고 받아들이는 도량과 강인함을 가질 필요가 있다고 말하는 것이다. 그렇게 하지 않으면 인생은 후회와 실패의 산이 되어버린다. 혹은 자기 이외의 다른 사람의 탓만 하게 된다.

더 나쁜 경우에는 후회하기 싫다는 이유로 세계는 이래야 한다는 몽상에서 비롯된 허무맹랑한 사상이나 현실을 경시하는 종교로 도피하기도 한다.

이것이야말로 정면에서 현실을 부정하는 그야말로 허무주의적 태도이다.

생이란 도망치는 것이 아니다. 비탄하는 것도 아니다. 강하게 살아가는 것이다.

용기를 갖고
결단을 내린다

인생의 한가운데서 젊은 사람들이 우왕좌왕한다. 무엇을 하면서 어떻게 살아야 좋을지 모르기 때문이다. 그들은 주저하고 겁낸다. 자기과신 같은 건 이미 오래 전에 잃었다. 하물며 수많은 바람이 이루지 못한 채로 자신의 무기력과 무능력을 느끼는 나날이 계속되는 사이에 남은 자신감마저 사라져버리고 그저 나이만 먹는다.

누구나 인생의 초보자

사실 이렇게 느끼고 있는 건 젊은 사람들만이 아니다. 어느 정도 나이를 먹은 어른도 마찬가지이다. 왜냐하면 우리는 인생에 있어서는 모두 초보자이기 때문이다.

그런데 대다수의 사람들은 어른이란 소위 인생의 베테랑일 거라고 믿는다. 실제로 자기 자신을 인생의 베테랑이라고 칭하는 사람도 있다.

그러나 10대에 접했던 문제가 30대에도 똑같은 형태로 찾아오는 것은 아니다. 30대가 되면 30대의 문제가 뒤따라온다. 그리고 70대가 되면 70대의 문제에 육체 쇠약이나 병처럼 도망치기 어려운 문제가 더해진다. 그런 의미에서 우리 모두는 그 시점에서 인생의 초보자이다.

만일 그렇지 않다면 예컨대 부모의 조언에 따라서 행동하는 젊은 사람일수록 인생을 살아가기가 쉬울 것이다. 그러나 실제로는 부모의 조언이나 지혜가 도움이 되지 않을 경우가 있다. 자녀는 부모가 경험한 시대와는 전혀 다른 시대를 살고 있기 때문이다.

그렇다면 젊은 사람들이 그들의 문제나 고민을 해결하도록 도와주는 건 무엇일까? 책에서 얻은 지식일까? 아니면 현대의 문제에 대한 새로운 사고방식일까?

그것들은 때에 따라 유효하거나 유효하지 않다. 왜냐하면 개개인의 문제에 구체적으로 도움이 되는 조언은 없기 때문이다.

문제 앞에서 이럴까 저럴까 고민하지 말고 결단한다

따라서 문제해결에 도움이 되는 것을 어딘가에서 찾으려는 의존적 자세에서 벗어나야 한다. 그렇다면 인생의 첫 문제에 직면했을 때는 어떻게 하면 좋을까?

확실한 답이 있다. 문제 앞에서 계속 우물쭈물하지 않는 것이다. 즉, 결단하는 것이다.

그 결단이 잘못되었으면 어쩌지 하는 생각은 절대 하지 않는다. 자신의 결단을 받아들이고 그것을 이루기 위해 적극적으로 힘을 쏟는다. 잘 될지도 모르고 혹독한 상황에 처하게 될지도 모른다. 어쩌면 이도저도 아니게 될지도 모른다. 그럼에도 확실한 것은 상황은 변한다는 것이다.

이것은 초인이 살아가는 방식이기도 하다. 두려움에 물러서지 마라. 다른 사람들의 시선 따위도 신경 쓰지 마라. 과거의 사례를 흉내 내지도 마라. 오들오들 떨며 맞서지 말고 무슨 일이든 당당하고 괴감하게 맞선다.

그리고 무슨 일이 일어나든 반성 같은 것은 하지 않는다. 물론 후회도 하지 않는다. 자신의 결단이 새로운 시대를 낳는다면 또 스스로 결단한다. 그리고 온힘을 다해 해낸다. 그러는 동안에 모든 것이 달라진다. 자신조차도 변한다.

거기에는 약간의 용기가 필요하다. 그 약간의 용기조차 없다면 인생은 어느 사이엔가 견디기 어려운 지옥이 되어버린다. 그러나 약간의 용기를 가지고 결단한다면 인생은 매우 흥미진진해질 것이다.

사치를
내 편으로 만든다

메마른 토지에서는 작물이 자라지 못한다. 인간도 마찬가지이다. 가난한 상황 속에서 풍요로움은 생겨나지 않는다.

물론 경제적으로 풍요로운 상황에서만 무언가가 생산되는 건 아니다. 마음이 풍요로우면, 또는 풍요로운 감수성을 갖고 있으면 거기서 나오는 것이 반드시 있다는 말이다.

풍요로운 지식, 풍부한 경험, 충만한 능력, 넉넉한 힘과 도량, 그러한 것에서 반드시 생겨나는 게 있다.

그러나 충분한 능력이나 감성을 갖고 있어도 사용하지 않으면 어떠한 것도 생겨나지 않는다. 그런 의미에서 풍요로움에서 생겨나는 것은 많다. 사치를 좋아하는 마음, 탕진에서조차도 생겨나는 것이 있다.

구두쇠, 절약, 인색, 울분, 쇠약, 나약, 과도한 저축, 쓰지 않고 묵혀두는 것에서 풍요로움은 생겨나지 않는다. 그것으로는 풍요롭게 살아갈 수 없고, 인생이 만족스럽지 않다. 즉, 생명력에 넘쳐 살아갈 수 없다는 의미이다.

인간은 본디 사치를 좋아한다

예를 들어 갚는 데 수십 년이 걸리는 대출금 때문에 좋아하는 책을 사는 대신 도서관에서 빌려서 읽는 데다 품질이 떨어지는 옷을 입고, 저렴한 것으로 끼니를 때우는 생활을 해야 한다면 거기에서 풍요로움은 생기기 매우 어렵다. 실제로 경제적으로 어려워서 자식조차 키울 수 없는 가정도 있다.

검소한 식사나 절약, 검약이라는 것은 일찌감치 인생을 체념한 노인에게나 어울린다. 우리는 인생을 체념하는 우를 범하지 않기 위해서라도 풍요로움을 좋아하고 사치를 자신의 것으로 만들어야만 한다.

그렇지 않다면 그저 하루하루 살아갈 뿐이다. 세금을 비롯해서 생활하는 데 드는 돈을 얻기 위해 살아가는 게 인생이라고 말할 수 있을까? 풍요롭고 다채롭게 슬픔과 기쁨을 번갈아 맛보는 것이 진짜 인생이 아닐까.

예수도 검소한 의복을 두르지 않았다. 그가 십자가에 매달렸을 때 군인들이 제비뽑기로 옷을 나눠가졌던 것은 그의 옷이 값싼 것이 아니었기 때문이다.

니체도 검소한 생활과는 거리가 멀어서 낮에는 늘 호텔 레스토랑에서 스테이크나 오믈렛을 먹었다. 그는 인간은 본디 사치를 좋아한다고 말하기도 했다.

사람은 풍요로움을 좋아하는 법이다. 금욕보다도 방종에 복종한다. 넓은 하늘 대신 좁은 하늘을 보고 싶어하는 사람이 있을까? 또 폭넓은 가능성보다 단순한 방법을 선택하는 사람이 있을까? 이처럼 인간의 본성은 본질적으로 사치를 향하고 있다.

사치는 인간의 능력을 자유롭게 한다

우리는 계산기를 두드리기만 해도 돈이 생긴다고 말하는 사람에게 속아서는 안 된다. 그들은 이 정도의 돈밖에 없어서 이 정도밖에 할 수 없다고 말한다. 그리고 그들은 돈만이 가능성이고 힘이라고 믿고 있다.

숫자 계산이 중요하다고 생각하는 그들보다 진짜로 생산에 종사하는 사람들은 잘 알고 있다.

좁은 것보다 넓은 것, 제한보다 해방, 압박보다 자유, 계산상의 내일보다 소망을 간직한 지금, 빈약보다 풍만, 비겁보다 대담, 반발보다 한없는 포용……, 그런 것만이 인간을 가장 인간다운 자유로 이끌어주고 거기서 새로운 것이 생겨난다는 것을.

웅크린 자세로는 아무것도 잡을 수 없다. 일단 시작한 후 진행하고 손을 뻗어 욕망을 노골적으로 좇지 않으면 안 된다. 사치는 무언가를 버리는 게 아니다. 무언가 새로운 것을 얻는 것이다. 사치는 자기 안에 있는 능력을 전면적으로 해방시켜준다.

결코 겁먹어서는 안 된다.

자기만의
규칙으로
살아간다

'세상을 어떻게 살아가면 좋은가'에 관해 대답하는 책은 많다. 또한 윤리나 도덕을 가르치는 사람도 많다. 이런 것들은 해서는 안 되며, 타인에게는 상냥하고 친절히 대해야 하고 상대의 입장에 서서 생각하라…… 등등.

그런 것이 한층 세분화되어 실천지침이 되면 이른바 노하우가 된다. 특정 현장에서 가장 효과적인 방법도 나온다. 그것이 매뉴얼이다. 어떻게 살아갈 것인가를 비롯하여 비즈니스, 하물며 연애조차도 매뉴얼이 마련되어 있다.

왜 스스로 생각하고 실행하지 않는 것일까? 세상의 눈이 그토록 무서운가? 아니면, 죄의식을 갖는 게 두려운가? 혹은 스스로 생각하는 것조차 할 수 없는가?

그 이유는 아마도 많은 사람들이 배운 대로 하면 잘 될 거라고 생각하고, 그것을 마치 진리인 양 확고하게 믿고 있기 때문일 것이다.

보통 가르치는 대로 공부하면 시험에서 좋은 점수를 받는다. 그런 과정을 반복한 끝에 우리의 사고방식이 고정되어버린 게 아닐까? 그런데 학교 성적이 좋았던 사람은 대체로 무르다. 그들은 좌절하면 다시 일어서기 힘들다.

고정관념을 넘어서라

인생은 고정관념을 배우고 익히는 시간이 아니다. 내 방식으로 살아가는 시간이고 장소이다. 세상의 흔해빠진 고정관념에 물들어버리면 나는 사라진다. 그것은 내 안에 나이 든 타인이 수없이 담겨 있는 것에 다름없다. 그런 사람에게 개성 같은 것은 없다.

정년을 맞이한 사람이 '제2의 인생'을 보내겠다며 하이쿠나 회화, 수필을 시작한다. 그런데 그들은 결국 프로가 되지 못한다. 서툰 하이쿠, 서툰 회화, 서툰 수필을 쓰고 그릴 뿐이다. 그런데도 왜 자신이 서툰지 그 이유조차 알지 못한다.

그 이유는 간단하다. 고정관념을 가지고 사물을 바라보기에 프로가 될 수 없는 것이다. 하이쿠는 이런 것이다, 회화는 이런 것이다, 하고 머릿속으로 생각하기 때문에 어쩔 수 없다.

사람이 어떤 창조적인 일을 해서 성공하고 싶다면 반드시 개념, 고정관념, 상식이라는 것을 초월하지 않으면 안 된다. 명인이나 예술가는 과감하게 그것을 해온 사람들이다. 고정관념의 재현이나 타인의 흉내 내기가 창조일 리 없기 때문이다.

창조적이란 것은 자기 안에 있는 특별한 무엇을 표현하는 것이다. 그리고 대다수 사람이 쉽사리 잊곤 하지만, 이 세상을 살아가는 것 역시도 창조적인 것이다.

자기만의 생각으로 돌파하라

요컨대 대다수 사람은 자기 자신으로 살지 않고 그저 이 세상 사람 중 한 명으로 살아간다. 내가 이렇게 하면 이웃 사람들이 어떻게 생각할까? 혹시 친척들이 이상한 눈으로 보지는 않을까? 무엇을 하기 전에 늘 이런 걱정에 휩싸인다.

자기 안에 자기 나름의 도덕, 가치, 기준, 금기도 없다. 대신 세상에 의존한다. 이래서는 자기 자신으로 살아가고 있다고 말할 수 없다.

단 한 번뿐인 인생을 제대로 살고자 한다면 나만의 생각을 가져야만 한다. 자신이 스스로 규칙을 정하고 그것에 대해 책임을 진다. 타인이 시키는 대로 하는 것이 아니라 자신의 의지와 계획대로 행동한다.

이런 태도는 타인이 보기에 어쩌면 매우 자기중심적 사고방식처럼 보일지도 모른다. 혹은 자유분방하고 규칙에 얽매이지 않는 무뢰한으로 보일지도 모른다. 그러나 이렇게 해야만 나라는 존재를 파악할 수 있고 능력도 발휘할 수 있는 법이다.

이런 나를 남이 알아주지 않을지도 모른다. 아무도 이해해주지 않을지도 모르고, 세상으로부터 인정받지 못할지도 모른다.

그러나 언젠가는 반드시 참신하다며 찬사를 보내는 사람이 나타난다. 그래도 거기서 멈춰 서서는 안 된다. 다시금 자기만의 사고로 행동하고 돌파해간다.

이것만이 새로운 시대를 이끌어갈 사람들이 살아가는 방식이다.

진정한
스승을 찾는다

누군가를 가르치는 교사라는 사람들은 인간의 몇 가지 동작과 반응을 배운 기계와도 같다.

그들은 사실 아무것도 모르면서 지도 요령이라는 지침서를 충실하게 따르고 마치 많은 것을 알고 있기라도 한 듯이 말하고 행동한다. 여기서 그치지 않고 남의 자식들을 점수 매기기까지 한다. 거기에 있는 건 허위와 위장과 오만이 아닐까?

이런 문제의식은 예전부터 있었던 것 같다. 19세기에 살았던 니체는 수차례에 걸쳐 교사의 진위에 대하여 글로 남겼다.

"좋은 교사는 제자가 자신의 말을 따르기보다 자기 자신에 충실한 것에서 자긍심을 찾는다."

"진정한 교사라면 제자의 능력을 해방시켜준다."

자격이 있다고 해도 좋은 교사라고는 말할 수 없다

사회 시스템이 너무도 교묘하고 치밀하여 무슨 일이든 진위를 알기 어렵다. 누가 정의를 판별하는 변호사인지, 누가 탈세를 돕는 세리사인지, 누가 자신에게만 관심이 있는 정치가인지, 누가 믿을 만한 보험설계사인지, 누가 인간으로서 제대로 된 교사인지…….

대체로 자신의 능력에 대하여 묻는 걸 싫어하는 사람일수록 자격이 필요한 직업에 종사하려고 한다. 왜냐하면 자격은 온몸을 감추고도 남을 만큼 큰 망토가 되어주기 때문이다.

교사자격시험에 합격하면 교사가 될 수 있는 건 어찌 보면 좀 이상한 이야기이다. 자격증이 그 사람의 내실까지 보증할 수는 없다.

교사자격시험에 합격하지는 못했지만 자격이 충분한 사람도 적지 않다. 이처럼 자격증 하나로는 그 사람의 내실이나 능력까지 꿰뚫어볼 수 없다. 아무리 시스템을 충실히 갖춘다고 해도 많은 게 블랙박스에 담겨져 그 속을 알 수 없다. 살아있는 육신을 가진 인간이 관여하는 것은 절대로 기계화할 수 없기 때문이다.

인생이 잘 풀리는 철학적 사고술

진짜 교사는 학생들의 능력을 열어준다

니체가 통찰하였듯이 진정한 교사는 상대의 능력을 열어주는 사람이다. 매뉴얼대로 지식을 가르치고 얼마나 잘 암기했는지 시험하는 것밖에 못하는 사람은 진짜 교사라고 말할 수 없다.

진짜 교사는 여러 각도에서 학생들이 자신의 능력을 자각할 계기를 마련해준다. 지식은 2차적인 문제에 불과하다. 음지에 짓눌려 있는 아이들의 능력이 제 힘을 발휘할 수 있도록 끄집어내기만 하면 거기에 필요한 지식은 아이 스스로 흡수한다.

인간만이 진정한 교사가 될 수 있는 것은 아니다. 우리는 책이나 자연의 풍경, 한 접시의 요리, 어느 낯선 이가 보여준 태도에서도 배울 수 있다. 혹은 집에서 키우는 개가 좋은 교사가 될 수도 있다.

이것은 은유도 야유도 아니다. 사람이 개와 같은 반려동물을 키우는 것은 살아있는 생물에게 본능과도 같은 자연을 순순히 따르는 태도에 매료당하기 때문이다.

앞의 "자기 안의 '야생'을 의식한다"에서 말했듯이, 동물은 언제나 현재의 시간을 살고 있다. 다음에 일어날 일을 상상하고 미리 걱정하지 않는다. 또 과거를 돌아보고 고민하지도 않는다. 대신 늘 현재를 받아들이고 살아간다. 개는 배가 고프면 먹고 배가 부르면 먹잇감에 눈길도 주지 않는다.

본능에 솔직히 따르는 건 부끄러운 게 아니다. 욕망을 명료하게 드러내지만 나만 좋으면 그뿐이라는 태도를 취하지는 않는다. 기쁠 때는 솔직히 기뻐한다. 그러나 어느 정도의 인내와 체념도 알고 있다. 그들은 솔직하게 살아간다.

그런 식으로 살아가는 것을 동경하기에 인간은 반려동물을 키우는 것이다. 개나 고양이가 자연스럽게 살아가는 모습을 보며 인간은 치유 받는다.

그런 의미에서 한 마리의 개일지라도 우리에게 좋은 교사가 될 수 있다. 짓눌려 있는 인간의 능력을 해방시켜주기 때문이다.

이것이 바로 교사가 갖추어야 할 가장 중요한 조건이 아닐까.

인생이 잘 풀리는 철학적 사고술

본능에
따른다

이제까지 어떤 나쁜 짓도 하지 않았는데 경멸당하거나 야만적이라며 비난받고, 이상하게 다른 사람들로부터 경계를 당한다면 분명 부당한 일일 것이다. 적어도 차별받고 있다는 건 의심할 바 없는 분명한 사실이다.

그런데 이런 일들이 여전히 벌어지고 있다. 특정 개인이나 민족만의 일이 아니다. 과거부터 지금에 이르기까지 수많은 사람들이 그랬다. 그것은 우리 모두가 가진 본능에 관한 것이다.

본능은 인간적인 것과는 동떨어진 동물적 특성으로 여겨진다. 또 이성보다 훨씬 아래에 있고 높은 문화생활에 어울리지 않는 것이라고 한다. 그래서 본능대로 사는 게 좋지 않다는 말도 있다.

욕망과 본능은 다르다

　본능을 이렇듯 얕잡아본 것은 기독교가 아니라 기독교 신학이다. 균형 잡힌 철학적 사고에 미숙했던 신학자들은 욕망대로 살아가는 것과 본능의 작용을 제대로 구분하지 못했다.

　욕망은 본능과는 무관한 것이다. 욕망이란 자신의 기호에 맞추어 선택한 무언가를 손에 넣으려는 것이다.

　반면 본능은 욕망하지 않고 욕구한다. 욕구는 생명을 유지하기 위해 작용하는 힘이다.

　예컨대 목이 말라 견디기 힘들다면 욕망은 무슨 수를 써서라도 탄산음료를 마시기를 강렬히 원한다. 이처럼 어디까지나 자신의 기호가 중요하고 그것을 바탕으로 선택한다.

　반면 욕구는 목을 축일 수 있다면 종류가 무엇이든 상관없다고 판단한다. 흙탕물이어도 좋으니 그저 목을 축이고 싶다고 절실히 원하는 것이다.

　본능은 순수하며, 생명을 이어가기 위하여 아래서 사람을 움직인다.

　니체는 이것을 잘 알고 있어서 본능만이 인간의 최대 이성이라고 말했다. 그 표현만으로는 일종의 반어처럼 들리지만 진실 그대로를 표현한 말이다.

본능에 따르면 인간적 기쁨을 얻을 수 있다

기독교 신학에서는 아기를 잉태하기 위한 행위에서 본능적 쾌감을 추구해서는 안 된다고 말한다. 그러나 쾌감의 기쁨이 있기에 수정이 되고 아이가 탄생할 수 있다.

그런 행동을 서로 사랑하는 것이라 부르는 것은 속임수가 아니다. 본능을 비롯하여 서로를 온몸으로 사랑했기에 인간은 생명을 유지하고 지금껏 생명을 이어올 수 있었던 것이다. 그것이 본래의 인간적 기쁨이 아니고 무엇일까.

반대로 사람이 위험이나 죽음을 피하는 것도 본능의 작용이다. 위험을 감지하고 즉시 몸을 돌려 피하거나 머리를 보호한다. 그것은 지성이나 이성에 의해 습득된 게 아니라 본능에 따른 행동이다.

도덕이라는 것이 이끄는 가치판단도 그러하다. 도덕의 가치판단이 감추고 있는 것은 이 선택이나 행위가 인간사회에 유리하다는 공리성이다. 거기에는 이유나 근거가 있다.

그러나 본능의 가치판단에는 빈틈없는 이유도 근거도 없다. 단지 그렇게 할 따름이다. 이런저런 설명이 붙지 않지만 진정한 의미에서 인간의 생명을 돕는 가치판단을 내리고 있는 것은 명백하다.

　사실 현대인을 괴롭히는 것들 대부분이 지성이나 이성이라는 것의 쓸데없는 작용이다. 머리를 쓸수록 고민은 깊어진다. 전례, 체험, 상상, 예상, 기억이 우리를 괴롭힌다.

　이것을 하면 어떻게 될까? 저것을 했더니 이렇게 되었다. 어떻게 하면 잘 될까? 앞으로 무엇을 해야만 할까? 이렇듯 머리를 쓰면서 우리의 고민은 끝없이 싹트고 자란다.

　그보다는 좀 더 솔직히 본능을 존중하면서 현재의 시간을 충실하게 살아가야 하지 않을까. 쏟아지는 고민도 즐거움도 모두 받아들이고 만족하는 게 본래 살아가는 모습이 아닐까.

　과거의 영웅이나 지배자들은 이런 태도를 가지고 당당히 살아갔다.

상대를
존중한다

무거워 보이는 짐을 선반 위에 올리려 애쓰는 노인을 보고 흔쾌히 나서서 도와준다. 이때 우리는 그 할머니가 가여워서 돕는 걸까? 아니면 힘이 없어 보여서 도움의 손길을 내미는 걸까?

철학자 니체는 가엽다는 이유로 누군가를 돕는다면 그것은 상대를 모욕하는 일이 된다고 말한다. 누군가에게 도움의 손길을 내밀 거라면 차라리 내 힘이 남아서 돕는 쪽이 낫다는 것이다.

왜냐하면 만약 동정심에서 남을 돕는다면 그것은 상대의 처지가 안 되었다는 자기의 망상을 멋대로 사실로 여기는 것이고, 또한 상대를 자신보다 낮게 보는 것이기 때문이다. 즉, 남을 돕는다는 명목으로 상대를 얕잡아보는 것과 다름없다.

고민도 고난도 그 사람의 것이다

고통 받거나 곤란을 겪고 있다는 건 나쁘기만 한 일일까? 타인의 고민이나 고난을 보고 곧바로 동정을 표하는 것은 언제나 선한 일일까?

분명한 것은 고민이나 고난은 그 사람의 것이라는 점이다. 그것은 그 사람의 인생 과정, 그 사람의 존재 방식에 속한 것이다. 타인은 도저히 알 수 없는 문제를 끌어안고 있기에 그것이 자기만의 고민과 고난이 되는 것이다.

이런 고민과 고난을 어떻게 해서든 뛰어넘을 때 그의 삶은 한층 더 나아진다. 따라서 그것은 그가 살아가는 데 있어서 혹은 보다 나은 인간이 되기 위해 필요한 요소이다. 니체는 "고통의 지옥 길을 지나서 천국에 간다"고 말했을 정도이다.

그런데도 안이한 동정심을 가지고 타인에게 도움의 손길을 내미는 것은 '당신의 고통은 대개 이런 거죠'라고 단정하는 것과 같다.

결국 타인이 안고 있는 고난과 고민을 단순화하거나 경시하는 태도가 그 밑에 깔려 있는 것이다. 그런 태도는 상대를 멸시하는 것과 같다. 즉, 도움을 주면서 동시에 업신여기는 것이다.

상대를 존중하는 고귀함을 가져라

니체는 고대 영웅이나 지배자처럼 살아가는 법에 대해 말한다.

그들은 잘난 척하며 거들먹거리는 대신 자기 자신에 대한 긍지를 갖고서 상대도 존중하는 정신을 보여주었다. 고대 영웅들이 싸움을 하기 전에 당당하게 자신들의 이름을 말했던 것도 이런 태도에서 나온 것이다.

우리는 영화나 TV 드라마 같은 허구의 이야기를 보고 그들이 마음껏 맹위를 떨치면서 타인은 돌아보지도 않았을 거라고 생각한다. 그러나 그것은 과장된 허구로, 그들은 현대인이 생각지도 못할 만큼의 고귀함을 지니고 있었다. 그 하나가 상대를 존중하는 태도이다.

공공복지의 형태로 사회가 제공하는 것도 어찌 보면 인간을 존중하지 않는 부분이 있다. 이런 설비를 마련해주면, 이 정도 돈을 지급하면 그럭저럭 해결될 것이라고 가볍게 생각하는 점에서 그렇다.

여기서는 상대를 존중하는 정신은 찾아볼 수 없다.

그런 인간으로 살아가도 충분한가? 좀 더 기품 있는 인간이 되는 쪽이 좋지 않을까?

현대사회에서 돈은 중요하다. 그러나 더 높은 차원에서 중요한 게 있지 않을까? 그것을 니체는 특유의 야유나 냉소적 표현으로 보여주고 있다.

통찰력을
기른다

인생에서 반드시 필요한 것은 지식 외에 '통찰력'이 있다.

분명 지식은 지혜를 낳는 모태이다. 그러나 사람은 대개 시험에 합격하기 위한 지식과 처세 정도의 지혜로만 만족한다. 그러나 그런 것들이 늘 그 시대나 그 장소에 유효한 것은 아니다.

통찰력은 어떤 것의 정체를 꿰뚫어보는 힘을 가진다. 누구에 의해 무엇이 그곳에 감춰져 있는지를 투시하는 것이다. 따라서 다시 고쳐 생각하지 않아도 내용을 바르게 알 수 있다.

19세기까지는 기지와 통찰력이 나뉘어 있었다. 지금은 기지의 일부가 통찰력에 포함되어 그 전체를 통찰력으로 여기는 일이 많다.

따라서 일반적인 개념에서 어떤 새로운 것을 이끌어내는 것도 통찰력이고, 관계없는 개개의 사정에서 어떤 사람에게든 통용되는 일반적인 개념을 이끌어내는 능력도 통찰력이라고 할 수 있다.

따라서 어떤 의미에서 통찰력이란 현실의 생활이나 일에 도움이 되는 '깨닫는 힘'이다. '깨달음'이라는 것은 글자 그대로 '이해하는' 것이기 때문이다. 달리 말하면, 깊은 이해와 그것에 의한 응용이 통찰력이다.

인생을 살아가며 결단을 내려야만 할 때도 통찰력은 큰 힘이 된다. 지금 지닌 지식만으로는 결단을 내리기에 부족하기 때문이다.

하지만 늘 통찰력이 옳다고는 말할 수 없다. 니체의 통찰력을 보더라도 그러하다. 그러나 잘못된 부분이 있어도 니체가 말하는 통찰력은 우리에게 새로운 시점, 새로이 즐기는 방법을 가르쳐준다.

감수성과 강인한 정신이 통찰력을 키운다

평소에는 그런 통찰력을 갖고 있다는 것을 비밀로 하는 게 좋다. 타인은 도저히 이해하기 어렵기 때문이다. 게다가 상대는 어째서 그렇게 생각하는지 그 논리적인 근거나 이유, 자료에 대해 알려고 한다. 그러나 통찰이라는 것은 그리 쉽게 이해할 수 있는 게 아니다.

통찰력과 직감은 비슷하지만 다르다. 직감은 관찰을 토대로 한 것으로 대상에 넓고 큰 망을 씌우는 것과 같다.

반면 통찰력은 날카롭게 파고든다. 가운데를 싹둑 잘라 단면을 본다. 그것은 일종의 시선의 달인에 이른 것과 같다. 통찰력을 독일 어로는 Scharfsinn이라고 하는데 이것을 직역하면 '날카로운 감각' 이다.

통찰력을 갖추고 있다면 무엇을 해도 요령을 파악하기 쉽다. 또한 기존의 것에서 벗어난 독특한 것을 창조하는 계기를 쉽게 맞이한다.

그런 통찰력을 키우기 위해서는 아무래도 감수성이 필요하다. 감정을 풍요롭게 하고 친절한 배려의 마음을 가지면 쉽게 통찰력을 가질 수 있다.

여기에 무슨 일이 있어도 견디고 주눅 들지 않는, 몇 번이고 다시 일어서는, 절대 포기할 줄 모르는 강인한 정신도 필요하다. 그리고 자기 자신에 대한 냉정한 시선도 필요하다.

고난이 없다면 인간은 강해질 수 없다

그런데 누구에게나 큰 문제인 인생의 결단에 대하여 통찰하면 어떻게 될까? 선택지로 평안과 역경 두 가지 길이 있다면 어느 쪽을 선택해야 할까?

통찰력은 어려운 역경이나 고난을 선택하라고 가르친다.

괴롭고 힘들기에 누구라도 고난으로부터 도망치고 싶어 한다. 그러나 계속 도망치기만 한다면 언제까지고 진짜 인생은 시작되지 않는다.

어려움이 있기에 진짜 인생이고, 그 고통을 견디거나 극복할 때 비로소 인생을 살아가는 맛이 있으며, 그 기쁨은 향락의 기쁨과 비교할 수 없을 정도로 크다.

니체는 자신의 인생에 대하여 이렇게 통찰하고 있다.

"몇 번이나 자신에게 물었다. 나의 인생에서 가장 가혹했던 세월에 대하여 나는 한층 깊이 감사해야 하는 게 아닐까, 하고. 필연적으로 일어난 고난. 그것은 힘겨운 일이었지만, 높은 곳에서 바라보면, 또 인생의 가감계산을 해보면 그런 고난조차도 자신에게 유익한 것이었기 때문이다."

수많은 고난과 위험, 그것들이 없다면 인간은 언제까지고 강해질 수 없다. 불필요하다고 여겨지기도 하는 벅찬 인생의 고난들이 바로 우리의 생명력을 강하게 하고 더 높은 차원의 기쁨을 가져다준다.

인생이 잘 풀리는 철학적 사고술

인생을
사랑한다

자신의 인생을 사랑하지 않는다면 어떻게 될까? 인생은 이미 시작되어 버렸기에 인생 자체를 사랑하는 것이 인생을 만끽하는 최고의 방법이다.

자신의 인생 같은 건 아무래도 좋다며 한탄하는 사람은 지금의 인생에서 도망치려는 사람이다. 그러나 어디로 도피하려는 것일까? 열광으로? 향락으로? 도취로? 안일로? 위안으로? 혹은 죽음으로?

그러나 죽음조차도 인생에 속하는 것이기에 어디로든 도망치는 것은 불가능하다.

따라서 느긋하게 인생이 주는 모든 것을 누리는 수밖에 없다. 자

신의 몸에 일어나는 모든 것들을 향수하고 긍정하는 것이다. 그것은
인간이 누릴 수 있는 고귀한 일이다.

인생의 모든 것을 긍정한다

많은 사람들이 자신에게 나쁜 일은 일어나지 않고 행복과 좋은
만남과 윤택함만이 있기를 바란다. 그런데 설사 그럴 수 있다 해도
그것을 인간의 삶이라고 말할 수는 없을 것이다. 왜냐하면 그런 삶
이란 있을 수 없기 때문이다.

그러자 이번에 사람들은 도피처를 원하고 숙명이나 운명 따위를
믿으려고 한다. 아무것도 모르는 상태보다는 픽션이라도 좋으니 어
떤 스토리를 원하는 것이다.

그리고 자신의 의지로는 도저히 어찌해볼 도리가 없는 상황, 전
혀 이유를 알 수 없는 상황을 선택하여 숙명이나 운명이라는 범주에
담는다. 이를 이용하여 영수증 발행이 필요 없는 사업을 하는 사람
도 있다. 바로 점쟁이들이다.

그런데 니체는 운명을 사랑하는 마음을 가지라고 말한다. 그렇
다면 니체는 점쟁이들처럼 운명이나 숙명을 믿었던 것일까?

그렇지는 않다. 니체는 사람의 신상에 일어나는 일들을 운명이
라고 불렀을 뿐이다. 그는 어떤 일이 일어나든 모조리 받아들이고

긍정할 것을 거듭 주장했다. 이것이 니체가 강조한 '운명애(아모르파티)'라고 부르는 것이다.

그 중심에 있는 것이 인생을 전면적으로 긍정하는 태도이다. 이것은 무슨 일이 일어나든 '좋았어!'라고 말할 수 있는 호쾌한 태도이다. 설혹 자신의 결단이 힘겨운 결과를 낳았다고 해도 '좋았어!'라고 말할 수 있고, 자신이 하는 모든 일을 긍정하는 것이다.

어쩌면 그런 태도는 바보처럼 보일지 모른다. 일을 할 때마다 이런저런 계산을 하고 늘 자신과 가족에게 이득이 되도록 효율적으로 일하는 사람의 눈으로 보면 몹시 어리석어 보일 것이다.

똑똑하게 살아가려는 사람은 절대로 이런 식으로 살지 않는다. 그들은 부지런히 계산을 거듭해 평생 수입은 어느 정도이고 어느 위치까지 승진할 수 있을지를 꼼꼼히 따져본다.

그들의 인생에는 플러스와 마이너스, 혹은 성공과 실패가 있을 뿐이다. 특히 마이너스는 과실처럼 절대 있어서는 안 되는 일이다. 그러나 사실 그것은 자기부정이라는 것을 깨닫지도 못할 만큼 어리석은 일이다.

무슨 일이 일어나도 꿋꿋하게 나아간다

바람직한 시간만을 인생이라고 부르는 건 아니다. 인생은 지나온 모든 시간을 가리킨다. 그런데 그것에 어떤 잣대를 들이대고 측정하여 인생의 결과라고 하는 건 너무 편협한 시각 아닐까? 혹은 인간으로서 너무 보잘것없는 것 아닐까? 과연 자라나는 아이들이 그런 사람을 보고 동경심을 갖거나 존경할 수 있을까?

그보다는 무슨 일이 일어나든 주춤거리지 않고 꿋꿋하게 나아가며 오히려 어울리지 않게 웃음 짓고 몰입하여 살아가는 게 고귀해 보이지 않을까?

그런 사람은 지금의 인생이 다시 한 번 반복되어도 차라투스트라처럼 "좋았어! 다시 한 번"이라고 말할 것이다.

왜냐하면 어떤 결단을 내리든 조금도 후회하지 않기 때문이다. 모든 것을 있는 그대로 받아들이고 즐기기에 반성이나 후회할 일이 생길 리 없다. 오히려 인생이란 이런 것인가 하며 흥미로워할 따름이다.

이것이 고귀한 인간의 모습이 아닐까? 이런 이들이야말로 주위 사람들에게 인생의 존엄성과 살아갈 의욕을 몸소 가르쳐주는 사람이라 할 것이다.

다음 세대에 전하고 싶은 한 가지는 무엇입니까?

다음 세대를 생각하는 인문교양 시리즈 ●아우름

아우름 시리즈는 계속 출간됩니다.

아우름 28

인생이 잘 풀리는
철학적 사고술

1판 1쇄 인쇄 2017년 12월 26일
1판 1쇄 발행 2017년 12월 29일

지은이 시라토리 하루히코
옮긴이 박재현
펴낸이 김성구

책임편집 이은정
단행본부 박혜란 김민기 김동규
저작권 이은정
디자인 홍석훈 문인순
제 작 신태섭
마케팅 최윤호 송영호 유지혜
관 리 노신영

표지 패턴 홍서진

펴낸곳 (주)샘터사
등 록 2001년 10월 15일 제1-2923호
주 소 서울시 종로구 창경궁로35길 26 2층 (03076)
전 화 02-763-8965(단행본부) 02-763-8966(마케팅부)
팩 스 02-3672-1873 **이메일** book@isamtoh.com **홈페이지** www.isamtoh.com

한국어판권ⓒ (주)샘터사, 2017, Printed in Korea.

이 책은 저작권법에 따라 보호를 받는 저작물이므로 무단 전재와 복제를 금지하며,
이 책의 내용 전부 또는 일부를 이용하려면 반드시 저작권자와 ㈜샘터사의 서면 동의를 받아야 합니다.

ISBN 978-89-464-2079-3 04100
ISBN 978-89-464-1885-1 04080 (세트)

이 도서의 국립중앙도서관 출판시도서목록(CIP)은 e-CIP 홈페이지
(http://www.nl.go.kr/cip.php)에서 이용하실 수 있습니다. (CIP제어번호: CIP2017033272)

값은 뒤표지에 있습니다.
잘못 만들어진 책은 구입처에서 교환해드립니다.